大展好書 好書大展

大展好書 好書大展

秘傳占卜系列 1

# 手相術

淺野八郎／著
李玉瓊　／譯

大展出版社有限公司

# 『秘傳・占卜系列』發行感言

有人說占卜師是人生的領航員。

在人的一生之中，有時再怎麼樣地努力，也有無法隨心所欲的時候，再如何地希望得到幸福，也可能會遭遇意外的不幸。在現代的社會中，占卜之所以如此地吸引人心，受到衆人的關心，原因即在於此。

可能因為遇到一位出乎意料之外的人，而使自己的一生完全改變，可能偶然中得到幸運，也可能遭遇不幸。能夠回答這種想要預知偶然的人之願望的，即是占卜。

不論是東洋或西洋，兩千年來，占卜一直受到衆人的關心。而預知各種運的「術」，也不斷地在研究中。這兒所介紹的各種占卜，是這些「術」中最值得信賴，也是最讓人感到親切的占卜。

如果本系列能夠發揮領航員的作用，而讀者們能將其當成是創造幸福的指南，則是作者最高的喜悅。

淺野八郎

# 性格、戀愛、財運……
# 手相傳達一切——代序

誠如「一樣米養百樣人」的譬喻，在這個世界上絕對沒有一個和你的手相完全相同的人。這也許是神對其孕育的衆生所留下的神奇「標記」吧。

如果我們長期地觀察手掌上的紋路，必會察覺到有趣的現象。原本毫無掌紋的部份會出現紋路，或相反地脈絡雜亂的手紋竟消失無蹤。

即使我們的手或指頭靈活而複雜地活動也無法形成掌紋。但是，心浮氣躁或持續著不安感時，手掌上反而會出現紋路來。換言之，手相是根據個人的心理狀態或身體情況而產生變化。

手相可以說是個人人生的縮圖。

手相會表現個人的性格、腦力、健康及戀愛、婚姻、職業運、財運等所有的一切。

我們絕不可忽視「手」向我們傳達的重大暗示。

如果具備正確的知識和細膩的觀察力，任何人都可以占卜自己或他人的手相。「自己的未來將發展什麼樣的羅曼史？」「自己的適性如何？」「什麼時候結婚？」「該注意那些疾病？」藉由占卜可以確實地掌握自己的未來並預知危險狀況。

但是，對於一般人而言大概很難理解，手掌上細密的紋路或紋路的辨識法吧。

因此，本書主要爲讀者各位介紹淺顯易懂的手相的基本判斷法。

不僅對您自己本身，就連你的情人或心有所屬的人，只要有機會就可占卜其手相。

期許讀者各位將本書當做未來人生的參考書，隨時放在手邊善加活用。

## 序 手相想告訴你的事情



## 1 沒有具備這些知識無法正確占卜

## 2 揭開你目前的命運

生命線



智慧線

## 3 不可忽視手掌大小與指紋

# 4 婚姻運、職業運的另一種判斷法

# 手相想告訴你的事情

序

## 〈人與手的密切關係〉

我們會藉手相占卜自己的性格或預測未來，而手相占卜為時已久，到底有多長的歷史呢？首先我們來探討手的問題。自古以來對人類而言，手是非常重要的部位。我們無法想像缺乏雙手的生活。

當然，在人類進化的過程中手所扮演的職務極爲重要已無庸贅言。人類正是因爲用雙手活用道具而有別於其他動物並急速地進化。

古時的哲學家坎特曾說：「手是人類外在的另一個頭腦。」手和我們人類頭腦的發育有密切關係。開始用雙腳步行的人類，靈活運用可活動自如的雙手，藉此製作道具而善加利用使得頭腦日漸發達。

人類自從可以自由地活用雙手之後，和猿猴產生了決定性的差別。猴子和紅金剛乍看下似乎能巧妙運用其雙手，其實那乃是手腳的動作配合，牠們並無法光憑手或腳做細膩的動作。

隨著手機能的複雜化，人類的頭腦已慢慢進化到其他動物無法相提並論的程度。

若從這一點來思索坎特所說的「手是另一個頭腦」，相信任何人都可以信服吧。

如果手在人類的歷史中確實擔負著超乎人想像的重大職務，那麼，手上所出現的手相可以說是人的另一張「臉孔」，代表著個人所擁有的命運吧。

人也會利用手做爲表現自己的感情或向對方傳達意念的手段。

雙手緊握、手靠在胸口或嘴邊、手掩住眼睛等，手的表情表達了人各種的情緒或心態。

爲了促進人類彼此間談話或溝通上的圓滑，手發揮了極大的作用。

調查手的狀態不僅可揣測精神面，甚至能瞭解身

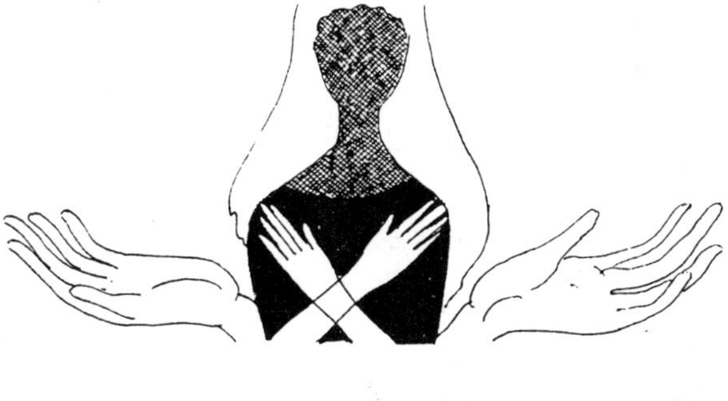

體狀況。尤其是中國漢方醫學認為的所有內臟器官和手互相關連的「脈絡」的觀念中，存在有極為重視手的背景。

手相可謂十人十樣。全世界中找不到和自己擁有同樣手相的人。

手相以各種的樣態向我們傳達身體狀況或運勢、潛在性格等的訊息。

## 〈手相的誕生與歷史〉

從許多歷史上的事實，可以推測人的感情或生活中和手有密切的關係。

打從原始時代開始，人類似乎本能上就具備有「觀手認識自己」的常識。

著名的原始時代壁畫，法國拉斯可洞窟的壁畫中有部份留下數個手形。那是兩萬年前的人類祖先所留下的。

長久以來這些手形為何刻畫在壁上，並沒有受到重視，但是，自從在阿爾達米拉洞窟也發現類似的手形，之後才有人探討其中所具有的含意。

原始壁畫中描繪有牛的圖樣，而在圖樣的下方或側邊留下按壓的手印。這難道是想誇示牛隻是由自己獵獲的嗎？也許這是在沒有文字的時代藉以表現自己的手段吧。

也有一說認爲按手形帶有宗教上、咒文上的意義。

兩萬多年前人會利用留下自己的「手」以表示自我的存在，而至今仍然延續著尊重「手形」以招福納運的信仰。

那麼，根據手上所出現的各種紋路而揣測其中的訊息的手相占卜，到底是起源於什麼時候？

據說手相占卜的發詳地是四～五千年前的古印度，也有人說是在更北邊的喜馬拉雅山附近。

因爲，在尼泊爾的喇嘛教的遺物中，發現了許多剝掉了人手掌上皮膚的手形。

另外，從印度或中近東當時的遺跡，找到一個手掌上有三條紋路的「像」的事實，也可以做這樣的推

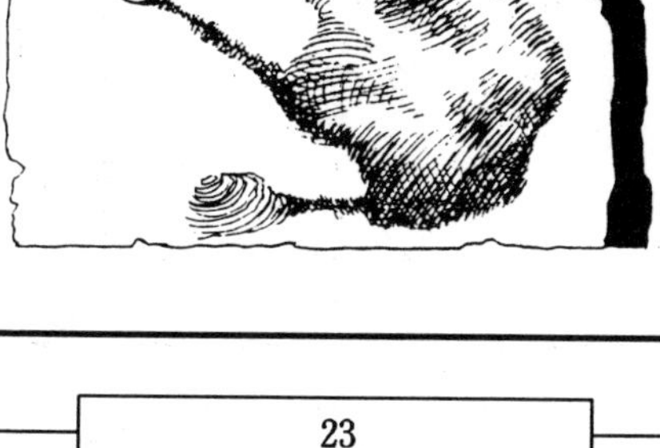

論。在此之前的古希臘或埃及的圖畫中，雖然描繪有手掌，卻没有發現任何手相的遺跡。

對手相的認識似乎是發源於古印度。

據說在紀元前三百年前古印度遺物的亞克西尼像中，找到了許多手形的遺跡，而紀元前五～六百年左右生活於地中海沿岸的迦太基人，到處留下刻畫手形的石標。

起自文明發生時，手似乎常引起人們的興趣，成爲世界各地注目的焦點，而最初留意其形狀或掌上紋路並思考「手相」，而藉此占卜人類的命運或性格的，乃是古印度人或迦太基人。

而歐洲是從和亞洲開始文化交流之後，在圖畫或雕刻上才有手相的描繪。這一點從義大利西西里島的聖者像中留下明顯的手相的事實，就可以推斷其時代。

至於看手占卜的方法是由吉普賽人經由絲路傳達到中近東、歐洲等地。其實現今在紐約或巴黎也經常可見手相占卜的店面，這些店家似乎多半是由吉普賽的移民子孫所經營。

中國早在春秋時代（紀元前二〇〇年～四〇三年）就重視手相做爲命運的徵兆。

中國所謂的東洋占星術，乃偏向於做爲診斷疾病的有利線索，而非占卜。

至於將手相占卜從中國傳達到韓國或日本的，乃是佛教的傳教士們。

隨著佛教傳到日本的手相最先刻畫在佛像的手掌。譬如，日本奈良大佛所刻畫的手相是所謂的「平斗型」，格調極高而聞名。

在希臘有多數的文人雅士對手相產生興趣與關心。柏拉圖等甚至有手相術方面的著作。

當時只要有重要的儀式或集會，必會招聘手相家。由此可見手相術支配當時人們生活的程度了。

尤其是著名的哲學家亞里斯多德，從早就鑽研手

相的研究。

除了人相之外，他對手相也極爲關心，在大英博物館留有「亞里斯多德手相術」的著作。同時，在其「形而上學」中也提及：「手並非單一的機能，乃是各種機能的表現。」他認爲手隱藏著複雜的含意。

在舊約聖經中也可找到許多有關手相的字句。約伯記第三七章七節中有言：「神在人的手上留下符號或印章。藉此讓所有的人認識自己的天份。」伊賽亞書第四九章一六節也寫到：「看啊！我的手因汝而雕刻。汝之壁不斷呈現我之前。」

除此之外，舊約聖經中使用千回以上的手的字句，由此不難發現極力探討手或手相所含有的意義的興趣。

遍佈在世界各地的手相已超越文化或宗教、觀念形態的不同，它乃是暗示人與手的密切關係，是人類誕生以來根深蒂固的存在。

# 沒有具備這些知識無法正確占卜

1

## 用左右那隻手占卜？

觀看手相時首先必須認識的是，用左右那一隻手占卜的問題。對這一點有不同的說法，本書是利用調查雙手交握時的姿勢，而選擇做爲占卜的手。

請閉上眼睛自然地握起手來。當你打開眼睛時確認一下左右那一隻手的拇指擺在下方。如果右手拇指朝下則用右手、左手拇指朝下則用左手觀看手相。

這和大腦的機能有密切關係，雙手交握時擺在下方的手被認爲帶有積極的運勢。同時，放在下面的手表示你的現在、未來的運勢，而上面的手則暗示你天生的素質或性格（圖1）。

根據統計，雙手交握時左手在下方的人約佔百分之六十，右手在下方的人約佔百分之四十。讀者們應該明白用那隻手占卜自己的手相吧。

本書的附圖是以左手做說明，請對照您本身所應占卜的手來觀看手相。

## 手相基本線所傳達的意義

手掌上有許多複雜的紋路。手相中所提到的○△乃是各線紋的名稱。

首先我們來認識其中最重要的幾條基本線。最基本的是〈生命線〉、〈智慧線〉、〈感情線〉、〈命運線〉等四條。另外還有女性最爲關心的〈婚姻線〉或表示財運的〈太陽線〉等。

圖1

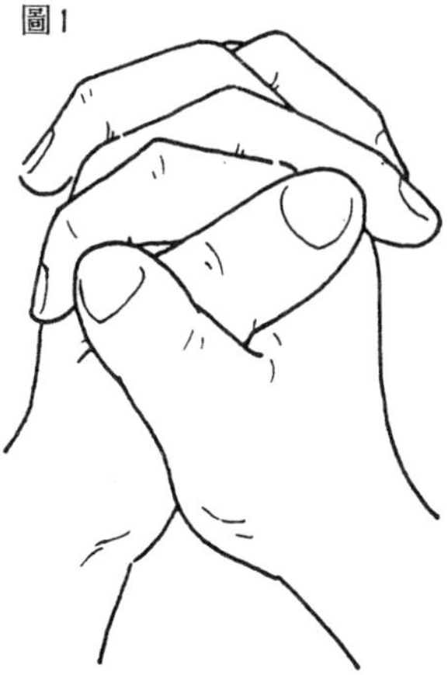

### 生命線

從拇指根部朝手掌呈弧形彎曲的線條。擺動拇指可更清楚地看見。

有些人認爲生命線短即表示壽命短，其實這條線紋和壽命毫無關係。它可以說是占卜個人的體力或活力、健康的線紋（圖2）。

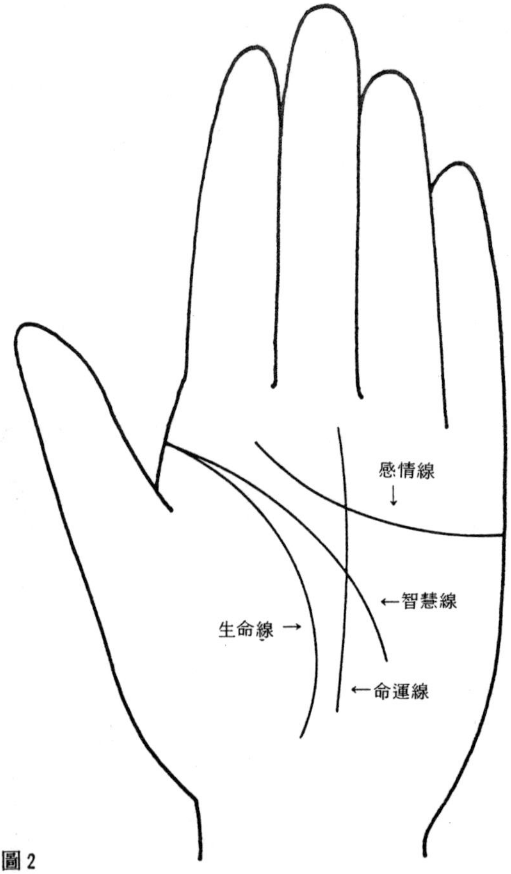


圖 2

**智慧線**

和生命線一樣是從拇指的根部做爲起點。從這裡橫越手掌呈彎曲的線紋的是智慧線。這線紋和運動能力或頭腦機能有密切關係。線紋的長短並非問題，重要的是它所延伸的方向。

智慧線的末端急速往下彎曲的，是表示具有敏銳幻想力、創造力豐富的人。

**感情線**

從小指根部呈緩和曲度延伸到食指的線紋。這條線紋較爲複雜，有呈二～三條紋路交叉或斷裂等不同的型態。而女性的感情線似乎較爲複雜。這是表示個人的感情或心情的線紋，從這條線紋不僅可以推測性格，也能瞭解對異性或性的關心度（圖2）。

**命運線**

縱向穿過手掌中央的是命運線。這條線紋有極大的個人差異，有些人明顯地出現在手掌中央，而有些人則顯得細薄或支離斷裂。命運線是表示個人的工作或社會生活，可以藉此預測在職場或生活上何時會產生重大變化（圖2）。

## 婚姻線

在小指根部一條小的橫紋就是婚姻線（圖3）。有的人只有一條，有的人有四～五條。婚姻線的數目並非表示婚姻的次數。根據線紋特徵可以瞭解個人結婚的時機或婚姻狀態。同時也可利用婚姻線檢視戀愛或對性的關心度。

## 太陽線

無名指指根下方有一條縱向線紋就是太陽線（圖4）。不過，長度因人而異，型態也大不相同。

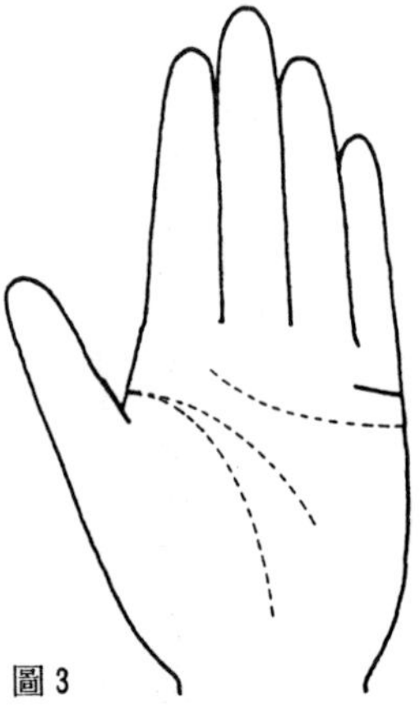
圖3

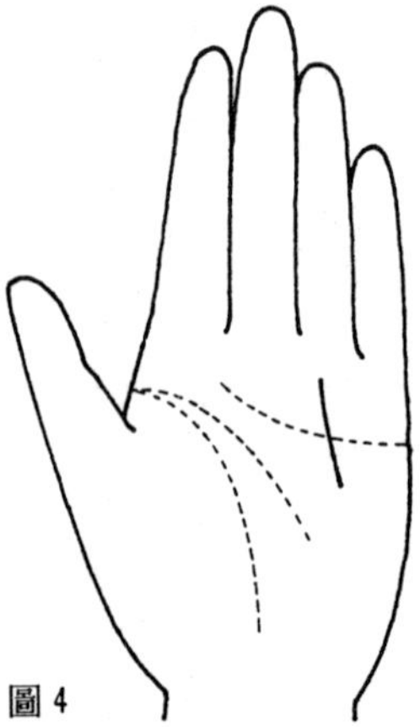
圖4

有些人並非直線而呈曲狀。同時也有許多人手掌上並沒有出現太陽線。明顯的太陽線所表示的是才能或聲譽、財運。

上述的線紋是觀看手相最基本的線紋。當然，此外還有代表重大含意的線紋，而有關各條線紋的含意容後詳細說明。

## 對「丘」應有的認識

所謂「丘」是手掌上較爲豐腴、有肉的部份。而手掌上的丘各有其名稱與含意。根據那一個丘最爲豐腴而顯著、丘上出現什麼樣的細紋，在含意或解釋上有所不同。請注意地觀察。

### 金星丘

這是指拇指根部隆起的部份。這個部位豐腴而有彈性的人是具有體力、熱情的人。似乎多半是運動選手又能發揮長才的人。

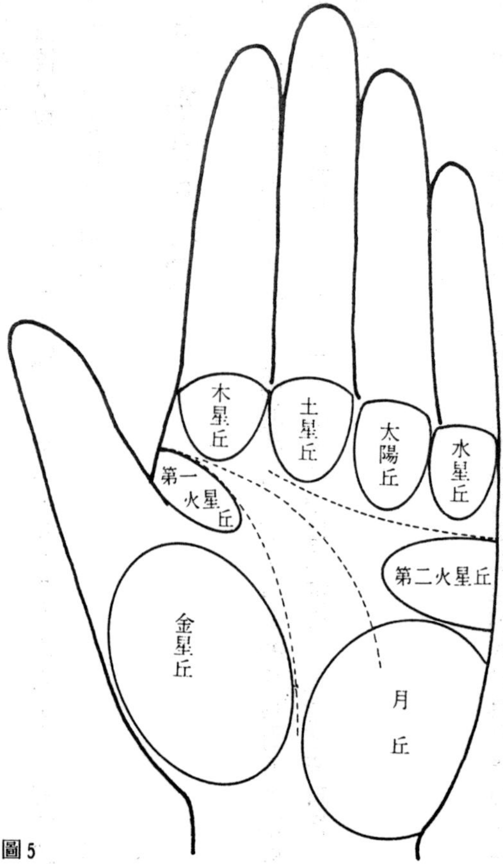


圖 5

如果是女性，金星丘和月丘兩丘顯得細瘦時具備有相當的性魅力，極受男性的歡迎（圖5）。

## 木星丘

食指根部隆起的部份稱爲木星丘。木星丘發達的人具有活動力、實行力。

在學校或職場會率先行事。喜歡成爲衆人的領導者活躍舞台。木星丘上會出現各種的線紋，從生命線的起點往此丘延伸的線紋稱爲「上昇線」，是暗示工作上可如願以償（圖5）。

## 土星丘

中指指根附近稱爲土星丘。這是表示耐力或研究心的部份。這個部位較爲發達的人是屬於認眞努力型。

職業方面適合公務員、會計師、事務員。土星丘比其他丘顯得異常發達者，性格上冷淡或陰險，一般而言不發達者居多（圖5）。

## 太陽丘

無名指指根的隆起部份是太陽丘。太陽丘和成功或聲譽、藝術才華等具有密切關係。因此，這個部位發達而隆起的人，多半嚮往演藝圈等繁華的世界，或是在這些舞台上的成功者。

性格開朗、積極。和一般人相較下具有卓越的金錢概念、獨創力（圖5）。

## 水星丘

小指指根附近稱爲水星丘。這個丘所意味的是知識和經營才幹。

水星丘發達的人知識豐富、腦筋靈敏，對任何事物能冷靜地判斷，因而適合做爲研究者，而在商場界也能發揮天生

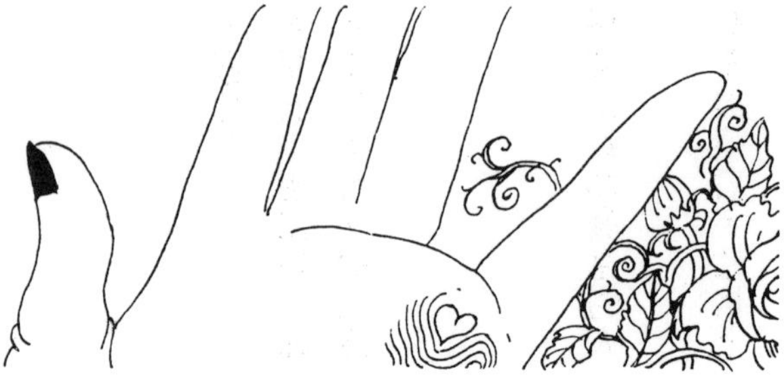

的才華，在物質面上不虞匱乏。同時，這個部份和「生理」或與異性之間的愛情也有關係（圖5）。

## 月丘

與金星丘處於相反方位的部份，是表示幻想力或創造力、神秘性的月丘。月丘的肉薄、紋路多的人，是充滿幻想力或神秘性的人。相反地，這個部位厚實而有彈性的人，對事物的觀念較爲現實。運動選手或從事必須勞動體力工作者，這個丘較爲發達（圖5）。

## 第一火星丘

火星丘有兩種，靠近拇指側稱爲第一火星丘。第一火星丘厚實而多肉者，是屬於精力充沛型，處理事物積極進取不畏一切障礙。

若是運動選手會有良好的成績表現，在事業上一舉成功。不過，具攻擊性又缺乏耐性，乃是其缺點（圖5）。

**第二火星丘**

小指側的火星丘稱爲第二火星丘。第二火星丘是表示叛逆性，討厭受形式束縛的意識（圖五）。

## 對部份線有何瞭解

手掌上除了明顯而筆直的線紋外，還有許多呈現不規則型態的細紋。這些稱爲部份線，它們比基本線更敏感地反應日常生活或身體狀況的變化。基本線紋並不會產生太大變化，然而部份線在短期間內會忽隱忽現。同時，根據部份線出現在那些基本線上也有運勢的不同。

部份線各有其名稱及不同的含意。在此根據名稱別依序介紹。

**島**

這是指長約二～五公釐左右呈島形的線紋。據說這是觀手相時極爲重要的特點。多半出現在生命線或命運線上。不過，出現島狀細紋時是暗示運勢朝負面走下坡。

島紋會因精神上的變化或運勢變化而消失，但是，比一般的細紋較難消失。如果渴望消除島狀紋，必須積極地從事有益人生的作爲（圖6）。

## 交叉型

細紋交叉成十字型而有如此稱呼。長約五公釐到一公分，多半以交錯在命運線上的型態出現。交叉紋和島紋一樣是不太好的部份線。這是表示個人會有某種糾紛或處事上有所障礙（圖7）。

## 星型

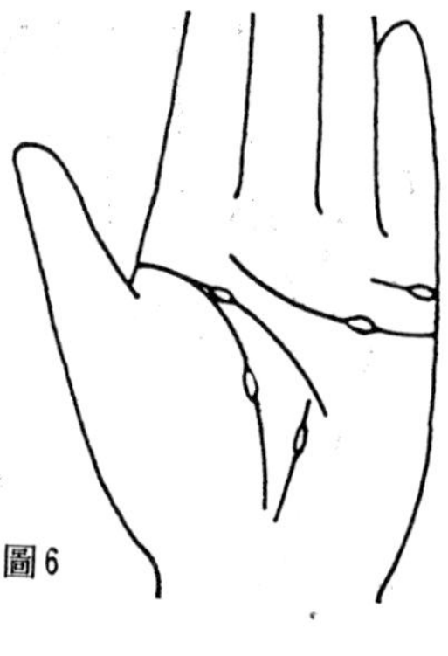
圖6

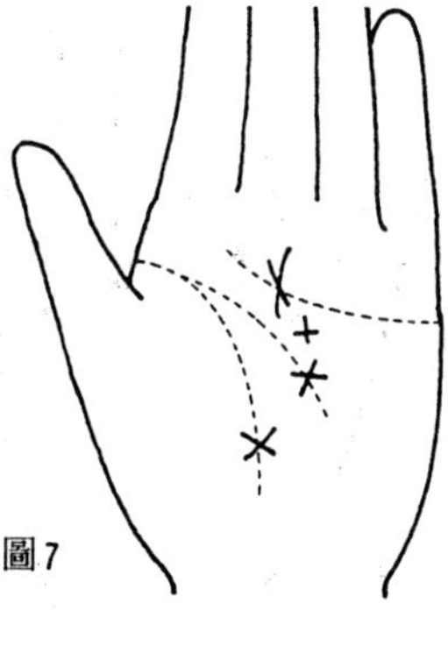
圖7

呈星型的部份線。狀似交叉型，不過，這是指由中心點發射出六條以上放射線狀的線紋。如果手掌上出現星狀紋是表示好運當頭、福星高照。是值得高興的部份線（圖8）。

**井型**

呈四角形有如中文的「井」字。大小約三～五公釐左右。最容易出現的部位是食指指根或命運線上。它具有使負面運勢逆轉的含意。如果基本線上出現歹運的暗示，而線上又有井型部份線時，則可減輕程度或逢凶化吉（圖9）。

**斷線**

一條線途中呈斷裂狀態者稱爲斷線（圖10）。這也多

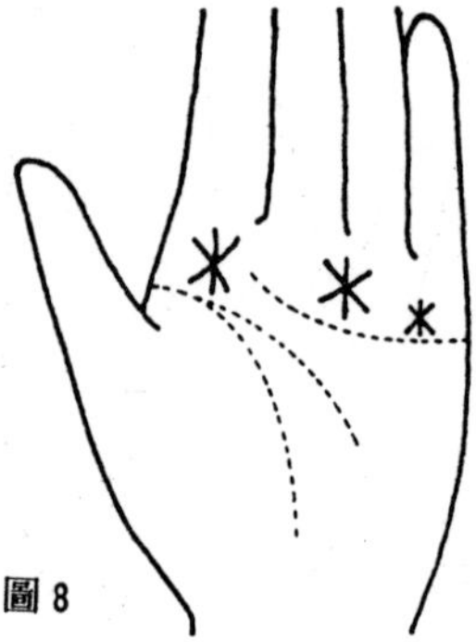

圖8

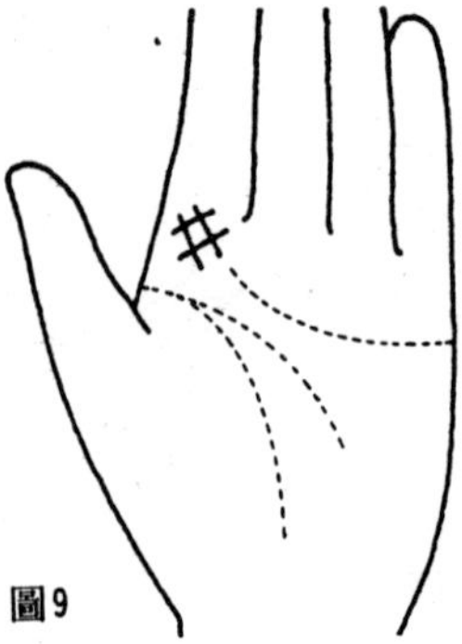

圖9

半出現在生命線或命運線上。斷線所意味的是「變化」。出現這個線紋時是表示個人週遭會產生某重大變化。

## 鎖鍊型

部份線交互串連呈鎖鍊狀的線紋（圖11）。除了經常出現在生命線或感情線上外，多數人在拇指的指根節附近出現這種部份線。

根據所出現的場所而有不同的含意，請參照各基本線的說明。

## 網狀

方眼狀或網狀型態出現的部份線。多半出現在無名指指根附近，而手掌上有網狀紋的人是具有超越常人的獨特構想。

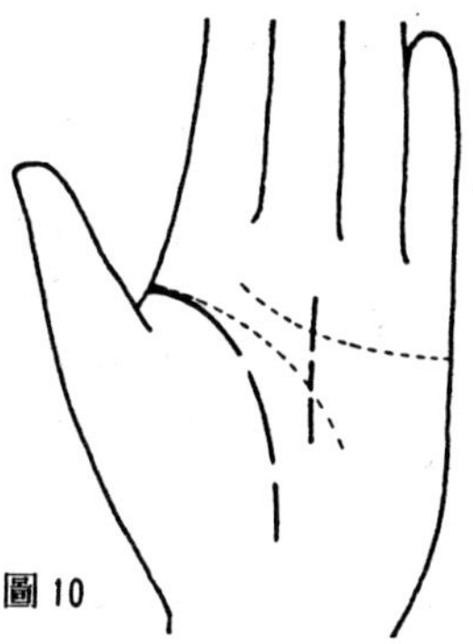

圖10

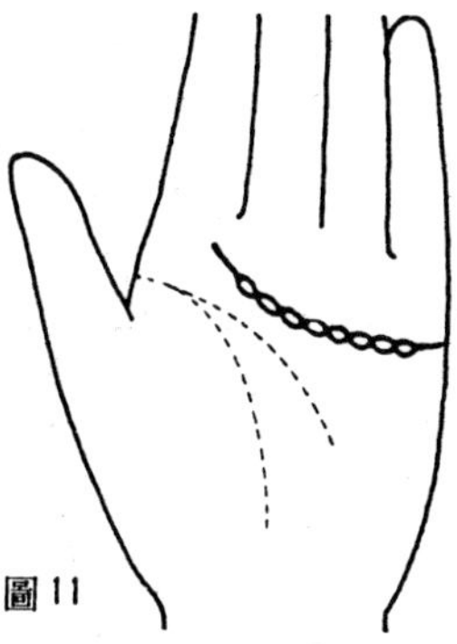

圖11

憑個人的創見賺錢的人。也許自己毫無所覺，卻在他人眼中被認爲是「鬼頭鬼腦的人！」（圖12）

## 分叉

基本線的前端分叉成兩條或三條。這種部份線稱爲分叉。分叉是表示具有體貼心的人，分叉的越細越表示心思的細膩（圖13）。

## 終止線

終止線是出現在阻攔生命線或命運線的部份線，長度約三～五公釐左右（圖14）。出現終止線時多半意味計劃中的事情出現障礙或產生變化。

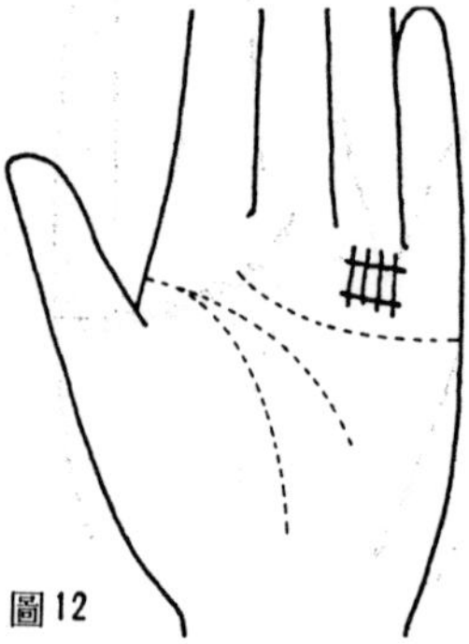
圖12

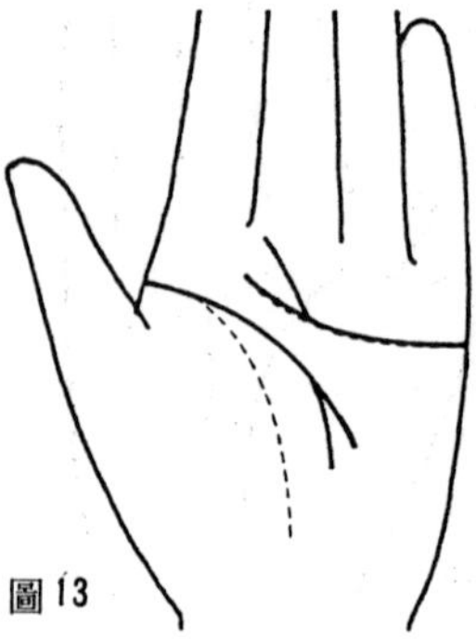
圖13

## 觀手相的重點

實際觀看手相之前先提醒各位看手相的三個重點。

●熟記基本知識。

●手相並非單指手掌上的線紋。手整體的形狀、色澤、指型、厚實感、指甲等也是判斷材料。

●儘可能觀察多數人的手，應用知識培養判斷能力。

注意以上的事項並依下列的順序觀看手相。

①手掌上的線紋和色澤　②手掌上的記號
③丘的厚實感和色澤　④手整體的形狀
⑤手的大小和厚度、色澤　⑥指型
⑦指甲形狀和色澤　⑧指紋

綜合上述項目一併思考，再做冷靜而正確的占卜吧。

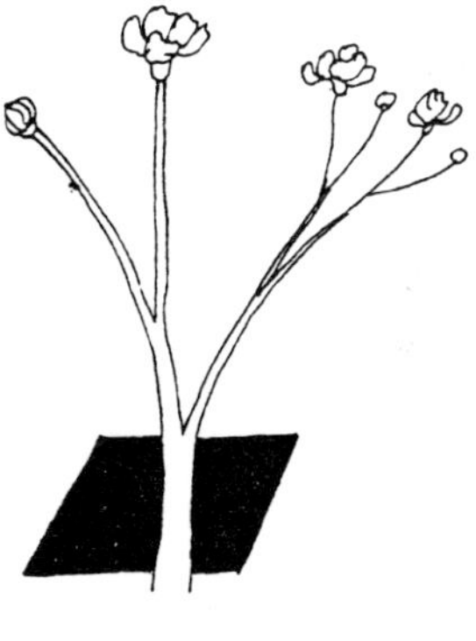

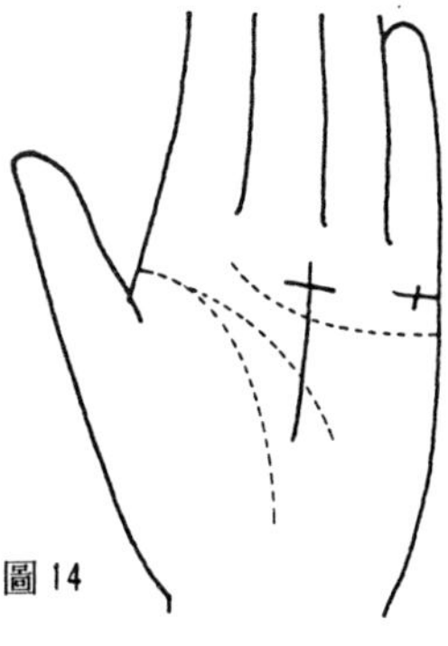

圖14

# 揭開你目前的命運

2

# 生命線

如前所述，從生命線主要可以瞭解個人的性格或體力。此外也可從生命線調查身體狀況。

## 根據生命線瞭解你的性格、健康

從手腕往中指方向畫一條筆直的點線。請觀察這一條點線和生命線的位置關係。

1——生命線呈大弧型狀露出點線之外

精力充沛的人。即使疲倦也能立即恢復精神，給人精神飽滿的印象（圖1）。

2——生命線位於點線內側而呈曲線狀

性格多屬乖順型。凡事會顧及自己的能力而不無理強求、自我控制型（圖2）。

3——生命線短在點線附近斷裂

安靜而內向的人。安於室內而不好出外活動。體力上也不健壯（圖3）。

4——生命線中途斷裂

缺乏耐性、易冷易熱的類型。做同樣一件事（工作或讀書ETC）時會心浮氣躁（

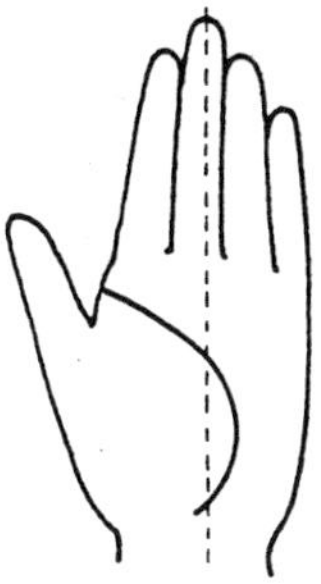

圖 1

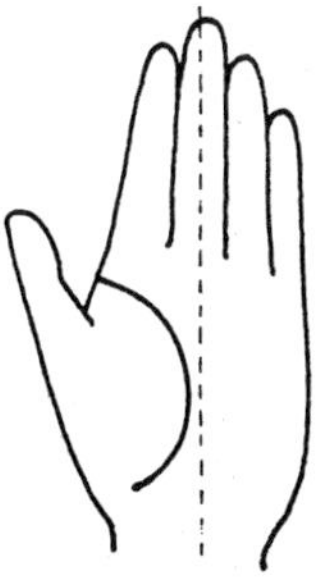

圖 2

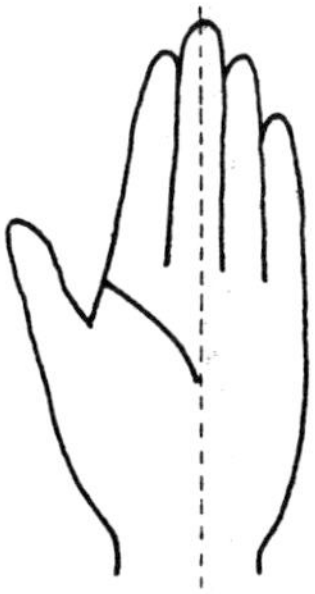

圖 3

圖4）。

5——生命線有兩條

這稱爲雙重生命線，具有這種手相的人不論其外表如何，是屬於精力充沛的類型。尤其對疾病有頑強的抗力（圖5）。

6——生命線斷斷續續

圖4

圖5

圖6

溫順而女性化的人。多半體型佳。很容易疲倦即使是偶而的運動也精疲力倦（圖6）。

## 7——生命線途中斷裂或重疊

當身體狀況不穩定或容易疲勞時，而清晰的生命線突然斷裂則要小心留意。也許有疾病或受傷的危險（圖7）。

圖7

圖8

8——生命線的尾端出現細紋

如果有許多細紋而顏色又異於其他的細紋時，需特別注意胃腸狀況。這個部份細紋多的人，消化器系較弱或體力不足（圖8）。

## 根據生命線診斷健康

1——生命線中央以下出現島紋

目前的你生活相當緊張。照這個情況下去會染患胃腸的疾病。

如果還出現數個明顯的交叉紋時可能是病狀惡化的暗示（圖9）。

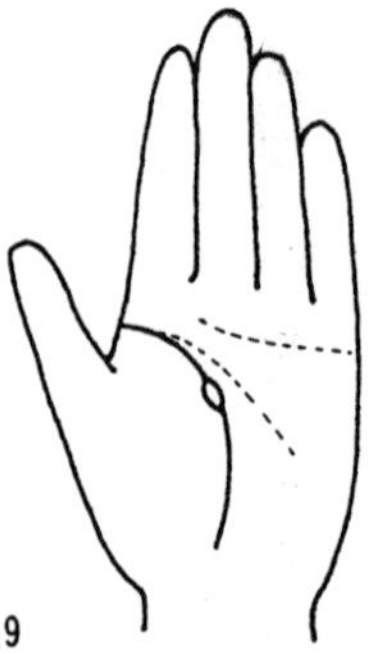

圖9

## 2——生命線的開端呈鍊鎖型

這種手相的人本來支氣管較弱，因而容易傷風感冒。有時候因感冒而併發其他的疾病。不要忘了日常對喉嚨的保養……（圖10）。

## 3——生命線細而下垂

本來是容易疲倦、腺病質的人。由於荷爾蒙分泌不好使得身體發育較為遲緩，性器也多半未發達。

有這種手紋的人容易染患婦女科疾病，因此，應留意攝取充份的營養，過健康的生活，以促進荷爾蒙的正常分泌（圖11）。

## 4——生命線由細小的線紋形成

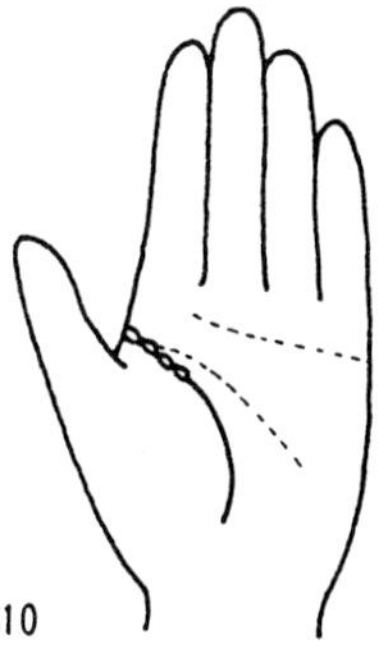

圖10

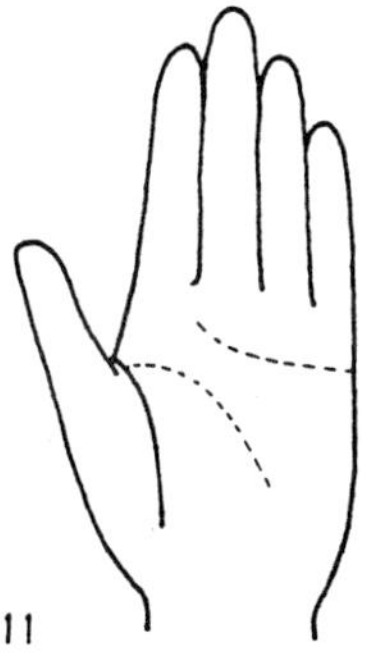

圖11

這是體力不足、體質虛弱者常見的手相。由於身體脆弱，一旦患病回復期較常人費時。

精神面上也較爲脆弱。不必急著利用激烈運動鍛鍊體力，最好配合自己身體的狀況慢慢地強化基礎體力（圖12）。

### 5——生命線的左右出現異常線

生命線的末端分叉出許多支線，如果又出現交叉型乃是胃腸系疾病的徵兆。

同時，生命線末端出現交叉型或島型時恐怕有胃潰瘍的危險（圖13）。

### 6——生命線、智慧線、感情線等三條主要線極爲清晰、深長

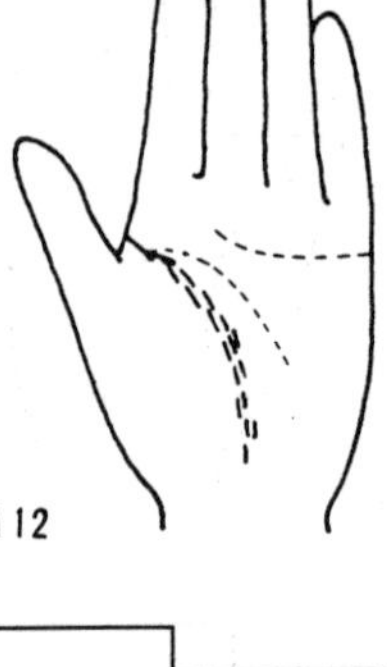
圖12

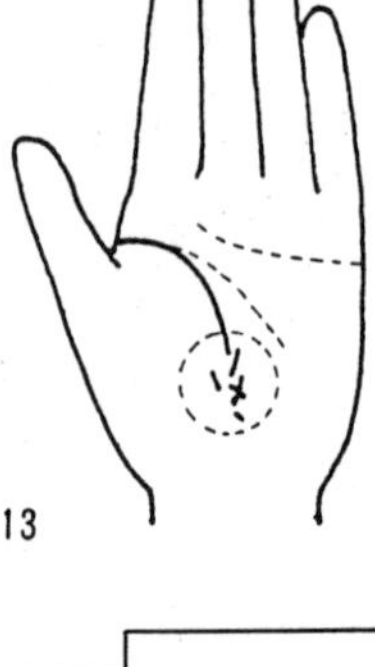
圖13

幾乎是百病不侵的健康體魄。對疾病具有超強的抵抗力，幾乎未曾染患稱得上疾病的疾病。體力足，是能長命百歲的手相（圖14）。

7——生命線、智慧線、感情線斷斷續續顯得脆弱、出現一條泛黃的紊亂健康線

如果手相的基本線混亂、線紋變黑或皮膚泛黃時，可能是受到煙或酒毒。必須特別留意肝臟系的疾病（圖15）。

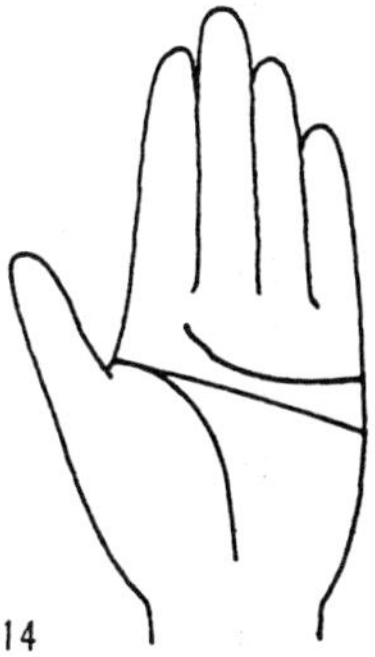

圖14

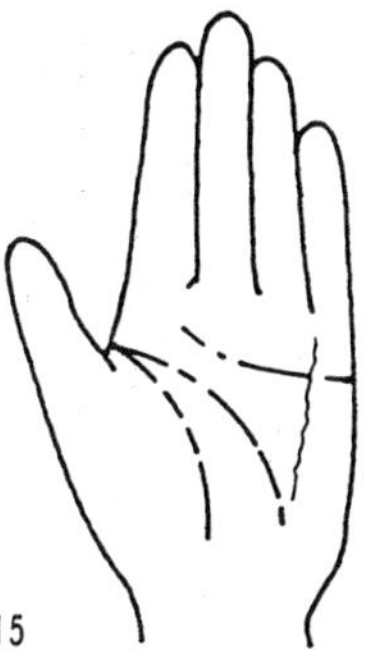

圖15

8——生命線途中斷裂或紊亂處出現井型

生命線若途中斷裂或紊亂，可能有受傷或動手術的情況。但是，如果出現井狀紋，則因其所具有的效果（緩和負面影響）可能情況會比想像的輕微（圖16）。

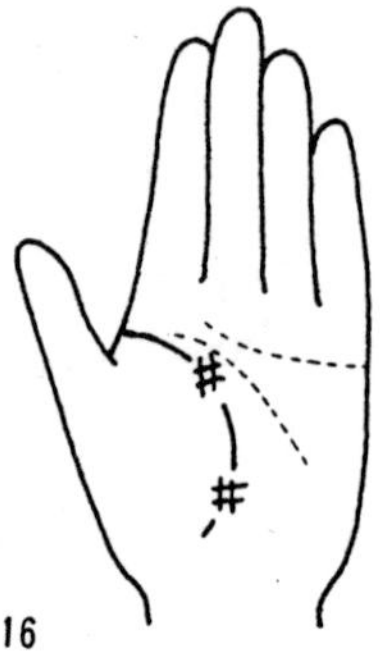

圖16

## 妳的他牢靠嗎？●性格診斷

暗戀或心儀已久的他，從外表上並無法眞正地瞭解其爲人。雖然藉由約會或親密的交談多少能窺見其性格，卻無法探視全貌。

如果交往之後才發覺他的爲人和想像中的差一大截，已後悔莫及。所以，最好找個機會看對方的手相以掌握其性格。

## 1——生命線上有朝上的細小線紋

這些線紋稱爲「上昇線」。

有這種手相的他，是誠實而認眞的人。深受學校老師、長輩、公司上司等的信賴，是可以安心交往的類型（圖17）

## 2——生命線的開端呈鎖鍊狀

老實說他是非常陰沉的人。和一般的男孩比較起來顯得極爲消極又缺乏體力。如果妳不積極地帶頭引導，恐怕難以持續交往（圖18）。

## 3——生命線的開端沒有和頭腦線重疊

許多人生命線和頭腦線的開端是呈重疊狀，而約有十

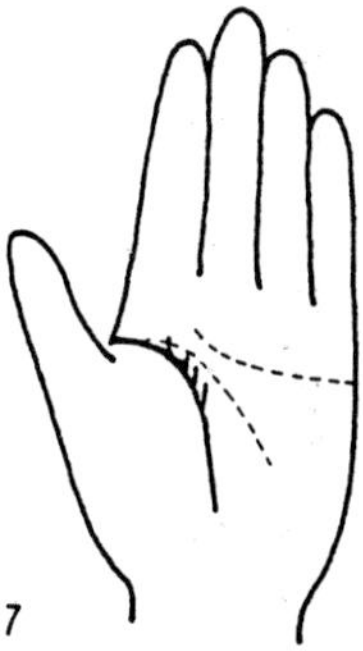
圖17

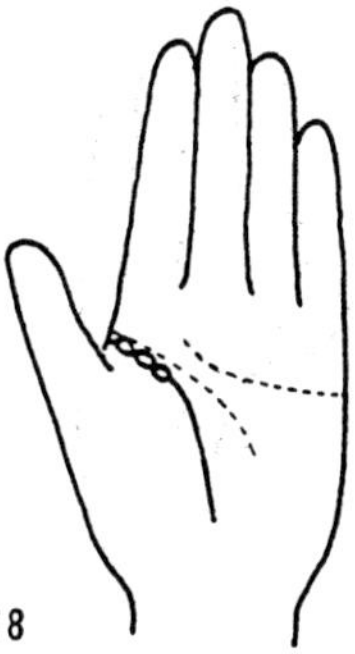
圖18

分之二的人卻呈分離狀態。

這種手相的人個性相當頑固，不會受人差使而具有行動力。不論男女都具有旺盛的獨立運，多半能在各種分野上發揮才華（圖19）。

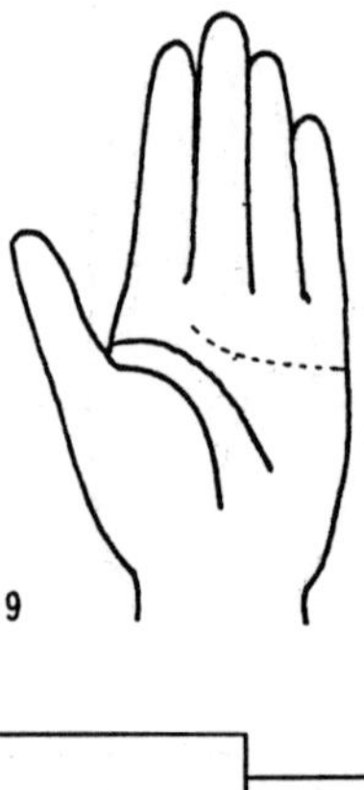
圖 19

## 嚇人！連這些事也曉得

根據生命線的內側可以調查外遇或風流度。也許目前鎖定一個目標而熱戀不已的人，也有可能……。

生命線的內側是否有和生命線平行的短小線紋（a）？（圖20）這條線就是外遇、風流線。在婚姻線的上或下有與之平行的短線（b）時要特別注意。這表示妳的外遇、風流度極高。這兩條線紋之外，如果從拇指指根朝生命線方向延伸一條紋路（c），也是表示具有比一般人更強烈渴望外遇、風流的記號，心裡有數的人不妨仔細看看。

最後還有一條。如果在生命線的內側出現島紋，同樣也象徵在戀愛或異性問題上會出現糾紛。外遇、風流的氣息撲鼻地強烈。

如果不願意因外遇、風流而身敗名裂的人，就看點電視畸戀劇場之類的節目，按捺一下吧。

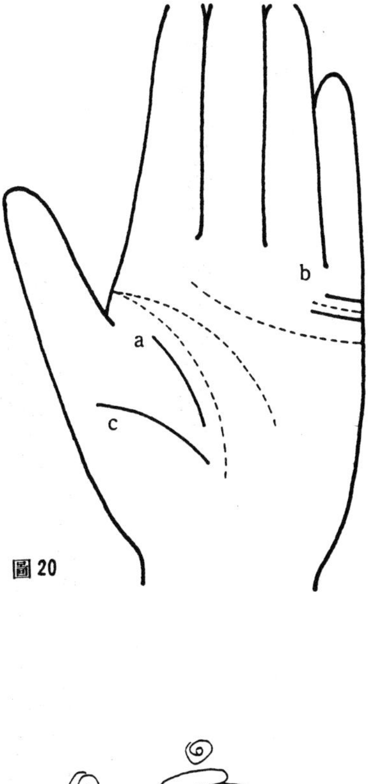


圖 20

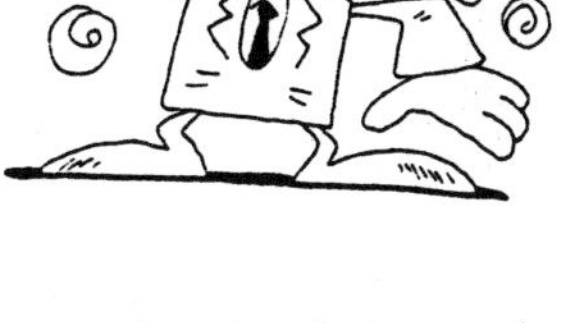

# 智慧線

智慧線是可以洞察個人對事物的觀念或創造力的線紋。不過，並非智慧線這個名稱而是根據其長短判斷腦筋的優劣。

## 根據智慧線瞭解你的性格

迅速打開食指和中指，並擺動看看。這時清晰可見的是智慧線。請根據其彎曲的方向來占卜。

1——智慧線往右下方呈徐緩的曲線

浪漫主義者常見的手相。如果智慧線依這個方向延伸到手腕，是充滿藝術才華的人，具有獨特的構想。創造力也豐富（圖21）。

2——智慧線往下彎曲緊靠生命線

所謂「敲石渡橋」處世極爲慎重的人。在戀愛方面難以向對方告白心意，必須花費長久的時間才能從失戀的挫折中振作起來（圖22）。

3——智慧線延伸到手掌外側附近

直覺、靈感比一般人敏銳的人。同時，天生對神祕的事物感興趣，若從事占卜方面

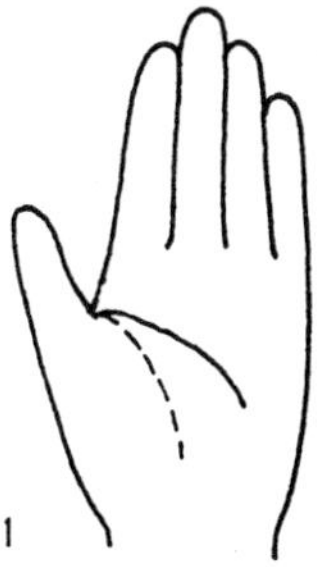
圖 21

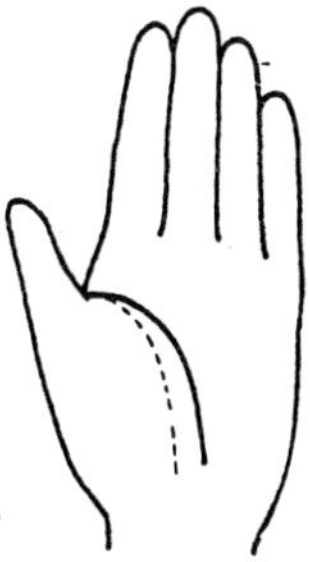
圖 22

圖 23

的工作必可成功（圖23）。

4——智慧線不彎曲而呈橫向直線

對事物的看法極爲現實，討厭浪費金錢和時間的合理主義者。工作處理迅速妥當而受上司賞識，是屬於專業者類型（圖24）。

5——智慧線的前端分叉三條以上

圖 24

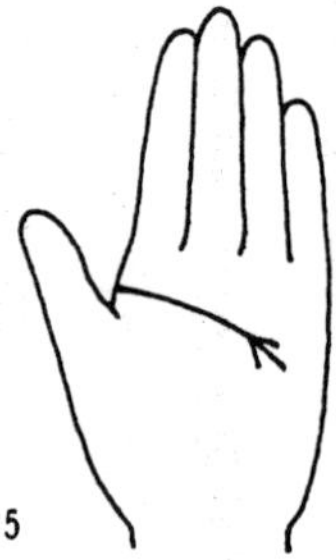

圖 25

圖 26

對各種事物帶有強烈的好奇心、適應力極強的人。比一般人的能力強。活躍舞台的演藝人員多半是這種手相（圖25）。

6——智慧線在途中分叉為二、三條

運動神經敏銳、手腳靈巧。所以，運動選手是最適合的職業。若是女性、適合當手藝家或音樂家。芭蕾舞蹈家常見這種手相（圖26）。

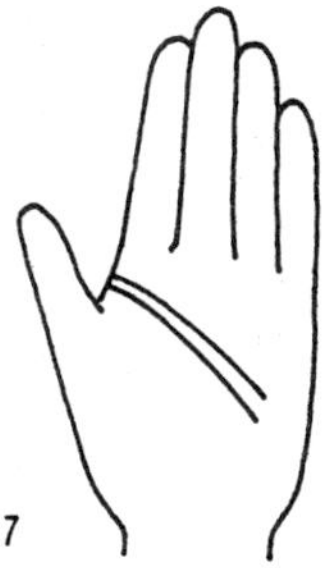

圖 27

圖 28

7——智慧線有兩條

對各種事物具有興趣、活動派。也因此極爲忙碌。不會因單一的工作感到滿足而兼副業，若是主婦，會出外工作當職業婦女或積極參與義工活動（圖27）。

8——智慧線延伸到手掌的中間位置

任何環境都能適應，和各色人等能相處得宜。若能習得才藝或獲得資格，運勢更往上升。女性多半是賢妻良母型（圖28）。

## 根據智慧線診斷健康

也許有人會懷疑何以是根據智慧線？其實智慧線也可以檢視個人的健康狀態。最近老覺得身體不佳的人，請仔細觀察一下自己的智慧線。

## 1——智慧線的途中出現「×」印的人

足腰較脆弱，似乎是這些部份較容易受傷或患病的體質。尤其是右手出現這樣的線紋時，乃是暗示要特別留意下半身的受傷。這個「×」印會忽隱忽現，請仔細地觀察（圖29）。

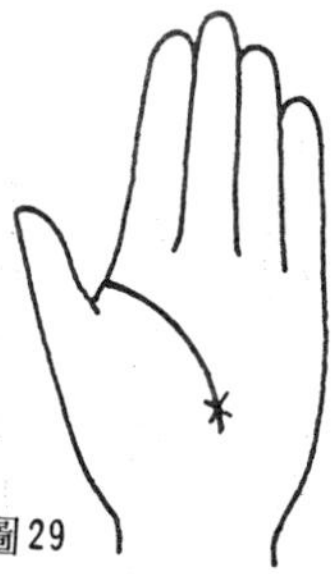
圖29

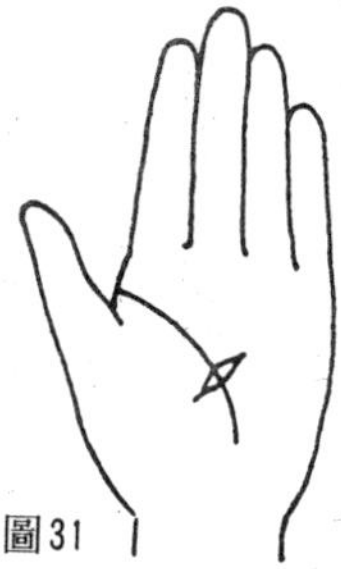
圖31

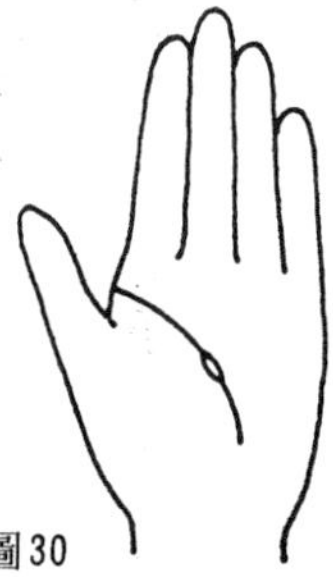
圖30

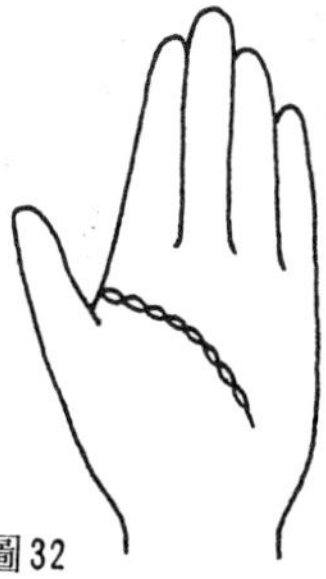
圖32

2——智慧線的途中出現島紋

這是暗示肩部以上部份的疾病或受傷。有時在自己不自覺中會傷到肩膀或耳、喉嚨的疾病變重（圖30）。

3——出現橫越智慧線的島紋

您是否用眼或耳過度？

因爲眼或耳的疲勞會產生壓力、偏頭痛或引發其他的疾病（圖31）。

4——智慧線呈鎖鍊狀

這種人似乎多半是過敏性體質或腺病質的人。缺乏耐性者也常見這樣的手相（圖32）。

## 妳的他牢靠嗎？●性格診斷

1——在智慧線的前端附近出現朝上的細紋

這是努力家的手相。爲了達成自己的希望而勇往直前，奮鬥不懈。打著燈籠無處找的丈夫（圖33）。

2——在智慧線的前端出現斜上方的細紋

這種人愛慕虛榮、嗜好品牌。有時會以外在附屬品評價或蔑視他人。不妨向對方糾正一下（圖34）。

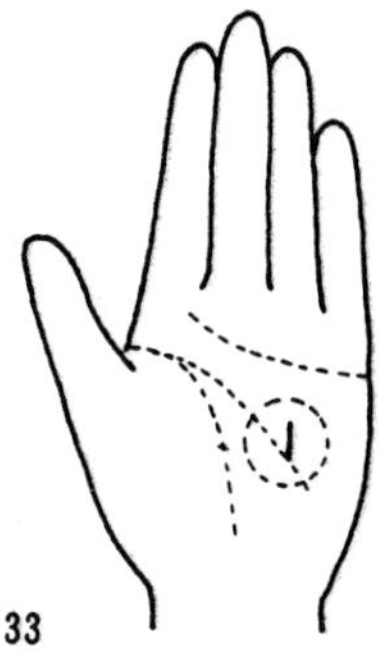

圖33

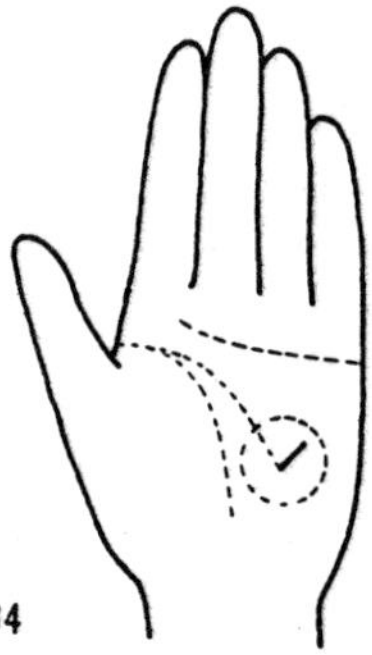

圖34

# 根據智慧線瞭解戀愛的匹配性

患單相思的人、剛交到異性朋友的人、有複數情人爭相追求的人……。在戀愛的各種關係上每個人總會在意和對方的匹配性如何？會發展什麼樣的戀情？交往的方式如何等。其實根據自己和對方的手相（基本類型）的組合，可以預測這些問題。

請根據這裡所提示的手相別戀愛類型去發覺自己戀愛的優、缺點。讓自己的戀情更爲充實而圓滿（圖35）。

1——A的男性和a的女性

彼此的感情是越吵越火熱。雙方都是熱情洋溢的人，隨時注意對方的一切，雖然喜歡對方卻動輒吵架。但是，雙方還是喜愛著對方。

2——A的男性b的女性

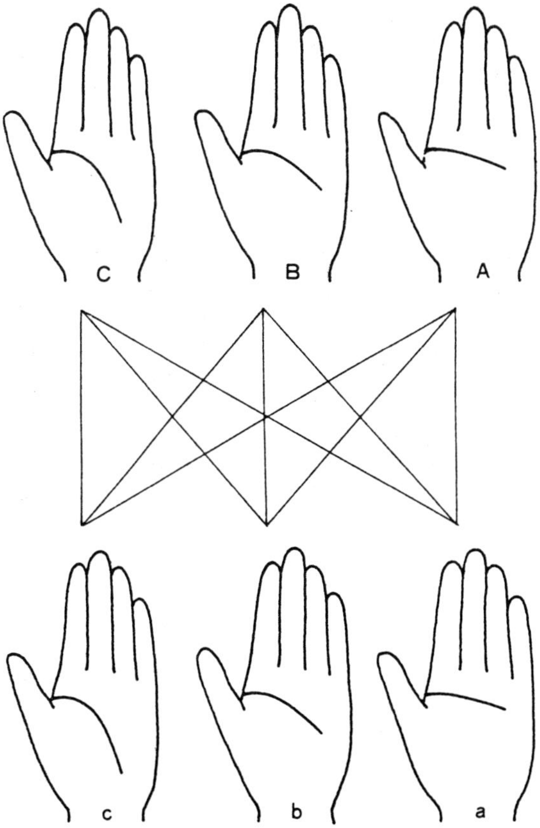


圖35

雙方從開始邂逅即情投意合，也是親密的朋友。做任何事都是最佳拍檔。

3——A的男性和c的女性

雖然彼此喜愛對方也深受對方的魅力所吸引，然而約會時卻不帶勁。這樣的人應該表現出坦率直言的態度，將自己的感受毫無保留的告訴對方。如此必加深彼此的親密度。

4——B的男性和a的女性

彼此都能坦誠相見，二人獨處時會感到意氣相投的融洽。彼此可以從對方身上獲得自己所缺乏的部份，因而能體驗充足與滿足感。

5——B的男性和b的女性

彼此都是情緒較爲亢奮型，感情好時你儂我儂的程度惹來旁人的側目，而爭吵時卻又令人心驚膽跳。這樣的拍檔必須留意體貼對方的心與關懷。

6——B的男性和c的女性

女性似乎具有單戀的傾向。男女之間的戀情若由女方發動攻勢，反而會令對方感到困惑。如果對方是年長者可能較爲圓滿。

7——C的男性和a的女性

這樣的拍檔如果由女性掌握主導權，愛情可一帆風順。但是，對方的自尊心高，千萬別忘了尊敬或奉承對方。

8——C的男性和b的女性

在性格或觀念上南轅北轍的二人。兩人若要相處融洽必須開誠佈公地深入交談以瞭解對方。如果率性自爲或舉止任性只會惹惱對方。

9——C的男性和c的女性

雙方都是乖順的性格，只要掌握契機必是對情投意合的佳偶。以信賴關係而建立感情的二人絕對不能有任何的謊言或秘密。

## 診斷你的吝嗇度

仔細調查從智慧線分叉出來的細紋可以瞭解個人的金錢觀。這時必須根據雙手的智慧線來調查。首先，請檢查左右那一隻手上的智慧線有分叉出像a、b的細小紋路（圖36）。

1——a或b的細紋出現在左右雙手上

具有相當敏銳的金錢觀。懂得如何靈活運用金錢，在商場上多半能成功。有時對金錢十分計較，從壞處解釋乃是被認爲吝嗇的原因。

2——左右其中一隻手有a或b的細紋

表面上對金錢並不在意，似乎也不擅長調度錢財，其實對金錢錙銖必較，是極爲吝嗇的人。

3——左右手都沒有a、b的細紋

老實說這種人對金錢毫無概念，屬於懶散型。雖然不是吝嗇鬼，倒是多少要留意金錢的管理……。

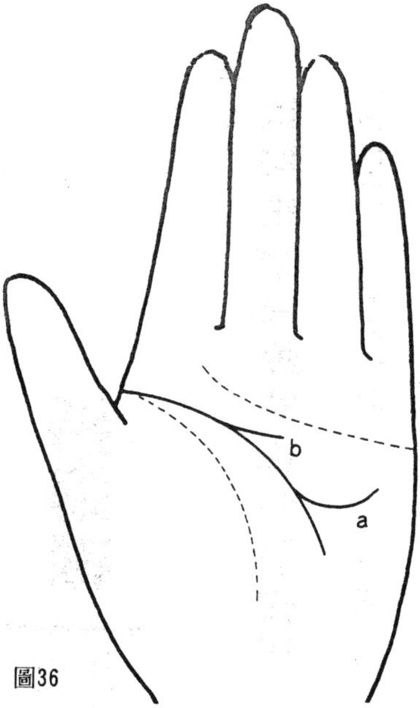

圖36

# 婚姻線

婚姻線並不是代表結婚的次數。乃是表示對婚姻的觀念或對異性、性的關心度。

## 根據婚姻線瞭解你的戀愛觀

小指指根有一個橫向的短線紋。有些人沒有這條線紋而有些人出現數條。

### 1——婚姻線短而多

無法適切地表現自己的感受，愛情多半落得單相思的結果。但是，具有相當強的順應性，和任何類型的異性都能處得來，只要盡量拓展交友圈諸如相親或藉由朋友的介紹必可獲得幸福的婚姻（圖37）。

## 2——婚姻線長

極爲典雅，追求高品質、夢幻的事物。另一方面面對喜愛的人會心生膽怯而難以向對方告白。重要的是要坦率地面對自己的情緒，積極地表現自我（圖38）。

## 3——婚姻線分叉爲二

情緒起伏極大，容易受感情支配。在戀愛方面剛開始很容易衝動而變得盲目，慢慢

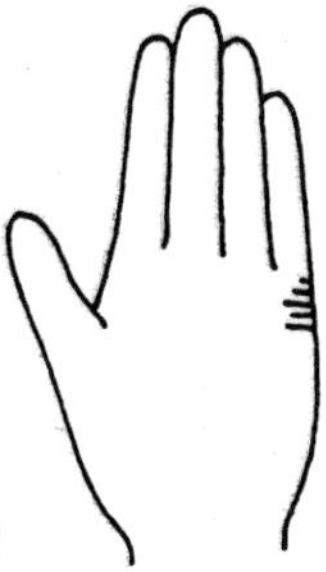

圖37

圖38

圖39

地深入交往後才漸漸地清醒。這種細紋一般稱爲「同居線」（圖39）。

### 4——婚姻線彎曲

屬於行動派不服輸的人。具有強烈的自主性，會帶頭擬定計劃並確實付諸實行。有喜歡的人不會靜靜等候，會主動積極地向對方搭訕。有時可能閃電結婚（圖40）。

### 5——婚姻線上有島紋

圖40

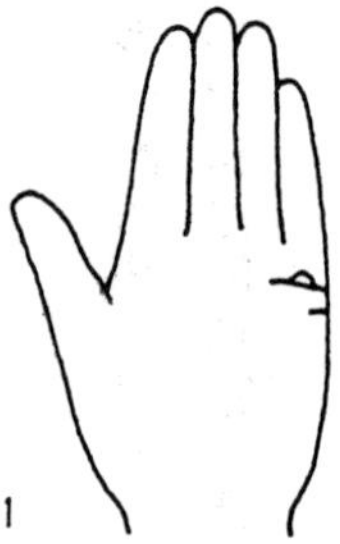
圖41

精力充沛討厭半途而廢。好奇心強顯得神采奕奕，旺盛的行動力是其魅力點。談起戀愛轟轟烈烈，然而具有易熱易冷的傾向。可能因一些糾紛而導致分手（圖41）。

## 6——婚姻線往下彎曲

被認爲是頑固而任性的人，其實充滿著體貼心，無法開口向他人表示拒絕的好好先生。缺點是容易變得消極。同時，不擅長坦率地表達自己的感受而又難以溝通或遭受誤解的時候。重要的是，要明白地表示自己的想法（圖42）。

圖 42

圖 43

圖 44

7——沒有婚姻線

似乎對異性的警戒心極強。因此，即使有喜歡的人也不會向對方表達自己的心意而落得單相思的結果。不過，有許多好的同性朋友，透過同性間的交往必可期待適合自己的伴侶（圖43）。

8——明顯的婚姻線往上彎曲和太陽線重疊

是可以攀龍附鳳的幸運手相。因婚姻的結合使二人的財運急速上升。可以充份地感受對方的感情過著相當充足的人生（圖44）。

## 根據婚姻線瞭解婚後的你

婚姻線除了可以瞭解戀愛類型、婚姻之外，也可占卜婚後的運勢或家庭運。

1——分叉成兩條婚姻線的前端出現島紋

您是否切身地感受到離婚的危機？很可惜的是你離婚的機率極高。而且，也有可能暫時失去財產與地位（圖45）。

2——分叉成兩條婚姻線的前端出現一條橫線

這是暗示雖然有離婚的危機卻可以迎刃而解。即使有激烈的爭吵也不要立即想到以離婚來解決，最好給彼此雙方一段冷卻時間。有可能彼此因而再認可對方而重修舊好（圖46）。

3——清楚地出現一條帶有紅色的婚姻線，並沒有受到其他線條的干擾

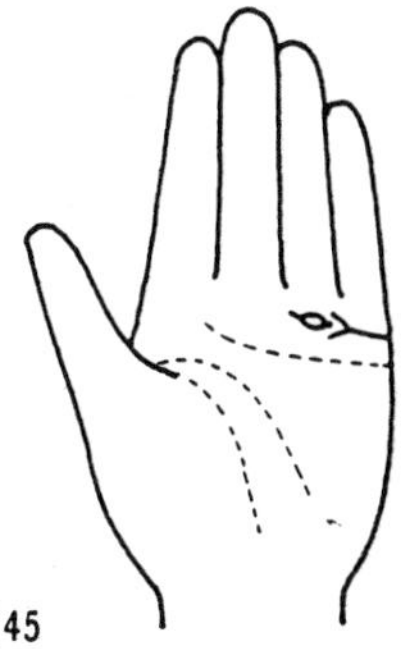
圖45

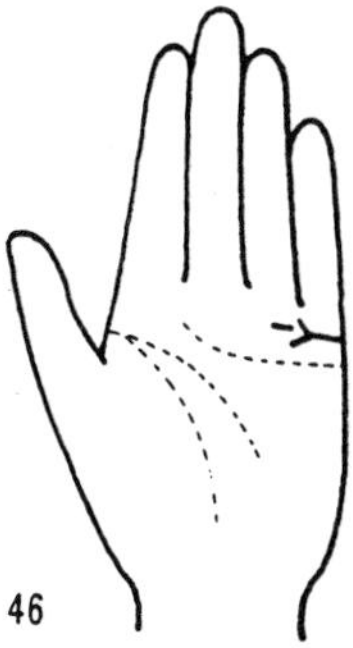
圖 46

和自己類型極爲相似的異性結婚。婚後沒有太大的糾紛，能過安定的生活。有子嗣之惠，雖然平凡卻是幸福安康的家庭（圖47）。

## 4——往上彎曲的婚姻線前端出現星型紋

可以和理想的對象結婚，對方工作順利，在事業上出人頭地。因爲收入好，可以變成富家少奶奶過著幸福快樂的日子。年老之後有孝順的孩子服侍，無老後之煩憂（圖48）。

## 5——婚姻線的下方有數條細紋

這是暗示因婚姻對象而吃苦受罪。多半是丈夫亂交女友或酒癖不佳、沒有正當職業等，以妻子受苦的情況居多。如果沒有覺悟，硬要接納這樣的丈夫，可能婚後

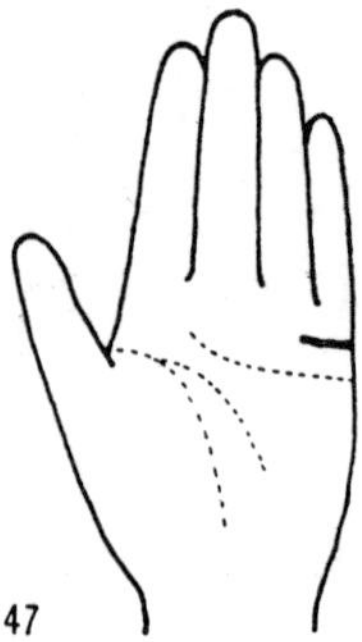

圖 47

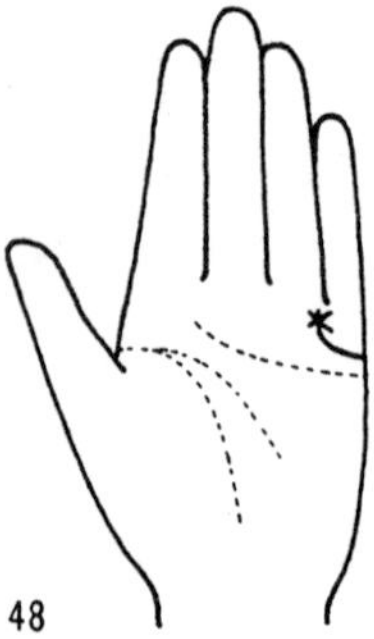

圖 48

對自己的婚姻生活感到失望（圖49）。

## 6——婚姻線斷裂

這是暗示婚姻生活難以持久。可能暫時地分居，然而時日一久極有可能重修舊好。像這類情況不要只根據婚姻線做判斷，也應參考命運線。如果命運線處於良好狀況則暫時的分離可能加深彼此夫妻的感情（圖50）。

## 7——婚姻線上出現交叉紋

雖然不至於離婚的地步，然而家庭內卻處於暴風雨前寧靜的狀態。家庭的成員缺乏良好的溝通，丈夫及孩子們感到心浮氣躁動輒產生糾紛。也有可能孩子因而走上歧途。

如果能擁有一家人其樂融融相處的時間，加強彼此

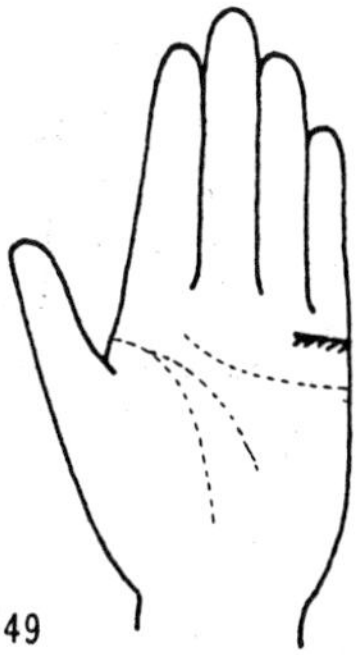
圖49

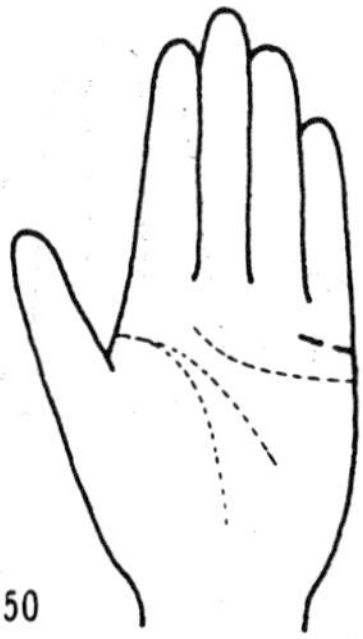
圖50

的溝通，必可使運勢上升（圖51）。

8——向下彎曲的婚姻線和感情線交合

這是暗示和婚姻伴侶的分離。即使夫妻的感情不壞，也有可能因疾病或車禍死別。可能因複雜的情況而不得不分手。

另外，也有可能是和兒女的分離。也許在孩子年幼時因疾病或突發事件而喪失生命。對孩子不需要過度保護卻也必須給予必要的關愛（圖52）。

## 妳的他牢靠嗎？婚姻線診斷

1——出現數條婚姻線

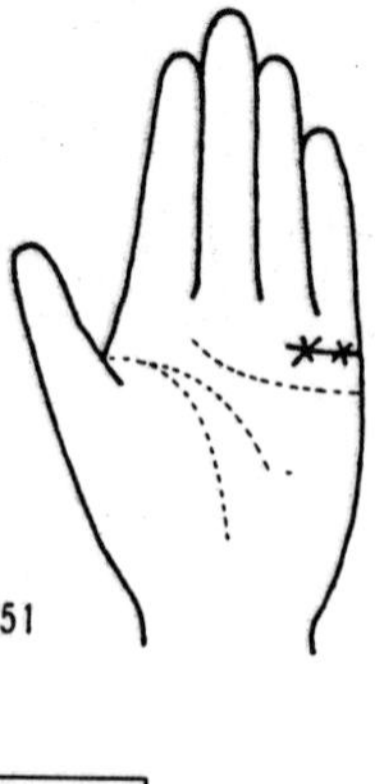
圖51

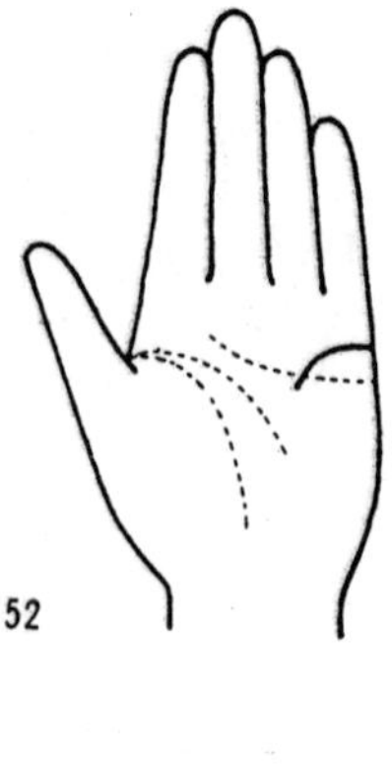
圖52

必須特別留意！他是拈花惹草型，又缺乏誠心。外遇的對象一再地轉移，會令你欲哭無淚（圖53）。

## 2——婚姻線呈波浪狀或鎖鍊狀

這是非常稀奇的婚姻線。雖然具有使女性一往情深的魅力，其實這乃是暗示走向破

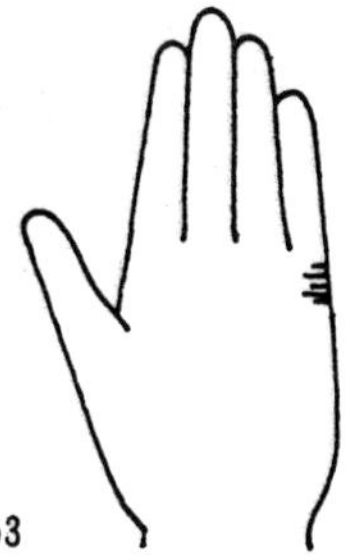

圖53

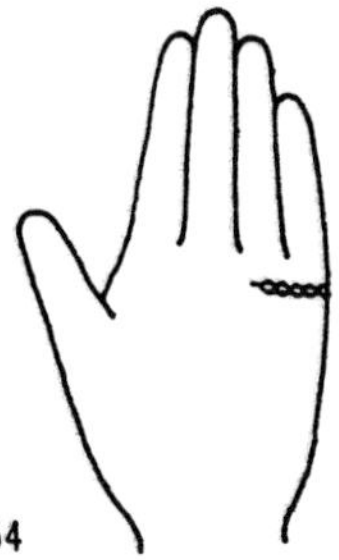

圖54

圖55

滅之相（圖54）。

3——婚姻線分叉爲二

樂天派的花花公子。無法持守安定的生活，會找機會在外拈花惹草。

恐怕他的心已轉移到其他人的身上（圖55）。

## 獻給渴望知道婚期的人

根據婚姻線的位置可以瞭解你的結婚年齡。

有二、三條婚姻線的人根據其中最清楚的線紋來占卜。不過，如果出現長度相差無幾、濃度相當的婚姻線極有可能再婚……。

若要知道自己的結婚年齡，可以將小指指根的線

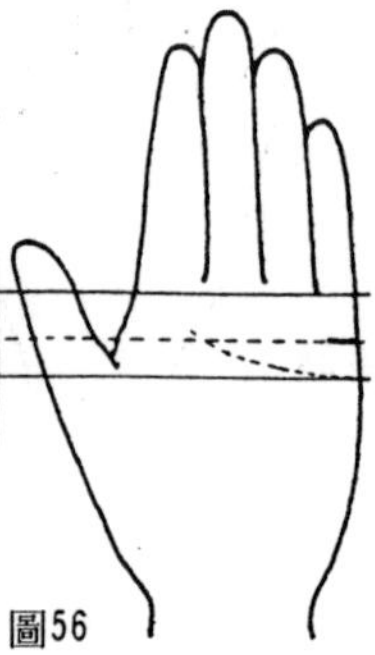
圖56

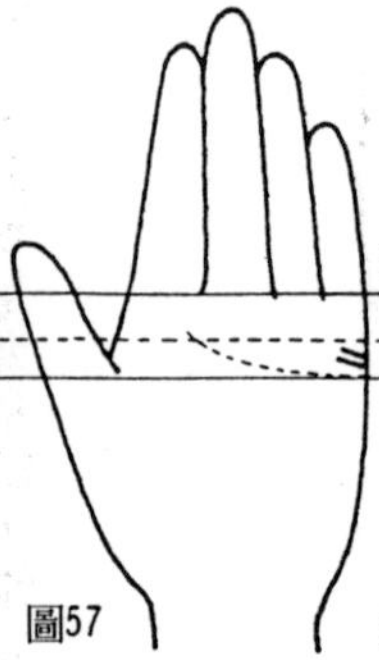
圖57

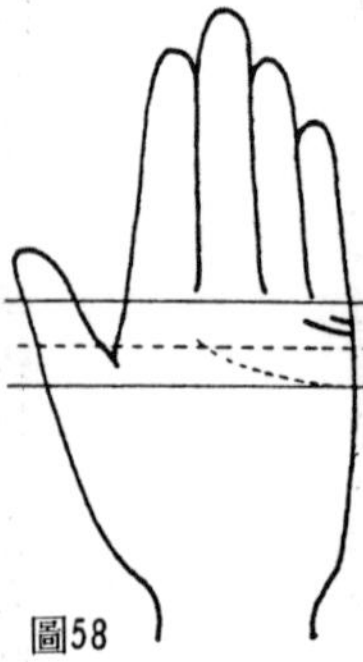
圖58

條和感情線之間做成二等分。而正中央的位置是二十五、二十六歲（圖56）。

在偏離正中央以下有婚姻線的人是二十一、二十二歲結婚的早婚型（圖57）。而在中心線以上是屬於晚婚型（圖58）。而在中心線以上及下方都有線紋時，如前所述是根據最深且清晰線紋來診斷自己的適婚期。

細小的線紋是表示有結婚的機會，而最清楚的線紋才是眞正結婚的時機。

# 感情線

感情線是從小指的指根位置延伸到食指和中指之間的線條。有些人途中斷裂而有些人分叉成二～三條細紋。

## 根據感情線瞭解你的人際關係

從感情線可以瞭解個人的性格與和他人相處的態度。這有助於認識自己隱藏的性格，而建立更好的學校或職場的人際關係。

1——感情線在食指和中指間呈自然的曲度

對他人具有充份的體貼心，是相當親切的人。討厭爭執或糾紛，在職場上即使發生不愉快的事情，也會忍耐使當場的糾紛平息（圖59）。

## 2——感情線延伸到食指指根

隨時保持冷靜、做適切判斷的人。所以，這種類型者若成爲領導者，凡事能順利地推展。不過，自尊心相當高，會選擇與自己的品味相投的人爲友（圖60）。

## 3——感情線整體呈斷裂狀，中指指根有許多半圓型的細紋

深受異性喜歡的類型，常有戀愛方面的糾紛。這一點恐怕成爲人際關係上的缺點，

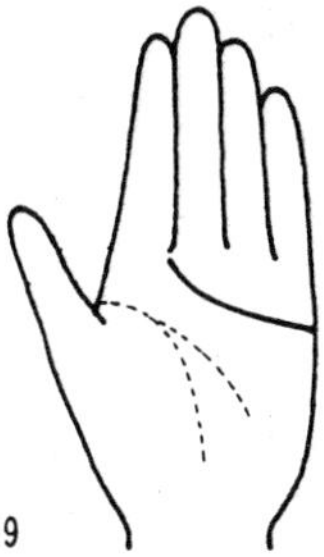
圖59

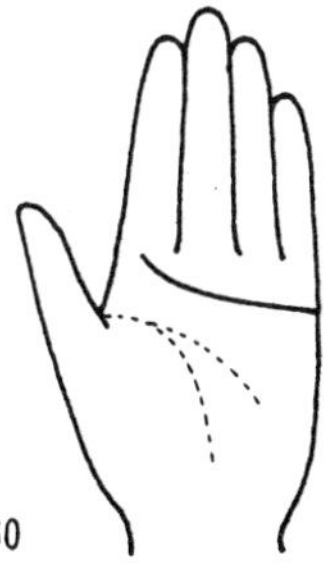
圖60

圖61

必須留意。熱情家、傾向於追求戲劇性刺激的人（圖61）。

### 4——感情線上出現數條細小的線紋

以自我爲信念的人，有時顯得有些任性。在人際關係上對於自己所表現的冷淡態度也不引以爲意……（圖62）。

### 5——呈徐緩曲線的感情線前端出現細紋

有比他人更爲強烈的體貼心。對喜歡的對象盡心盡力的類型。性格好又善體人意，

圖62

圖63

很容易受騙上當或被捲入糾紛中（圖63）。

6——感情線的前端分叉爲三條

對於自己所認定的朋友或情人帶有極大的體貼心。但是，對於不感興趣的人卻顯得冷酷。同時，似乎常有被自己不喜歡的人喜愛的困擾（圖64）。

7——感情線在中指指根附近分叉爲二

圖64

圖65

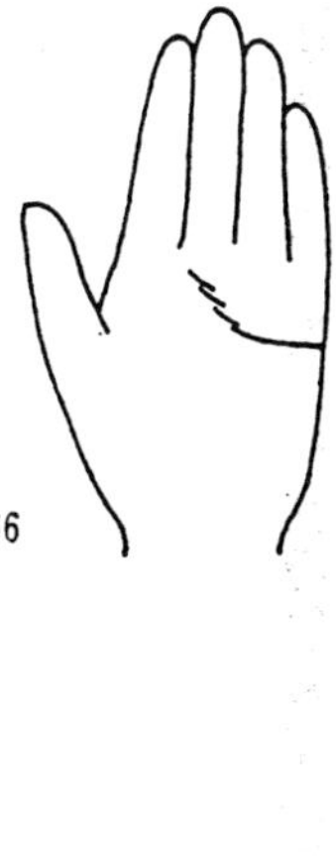
圖66

誠實的人品，不擅言詞、個性內向，所以很難與他人打成一片。但是，和肝膽相照的朋友因彼此的信賴關係而持續長久的交往（圖65）。

## 8——感情線斷裂、有許多細紋

對人的好惡非常明顯、情緒起伏不定。心情好是快樂的人，然而令其發怒會變得歇斯底里而令周遭人感到慌張（圖66）。

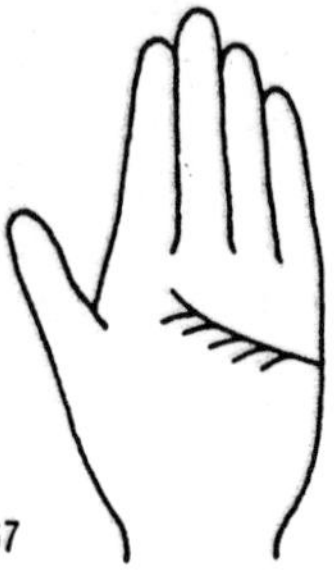

圖67

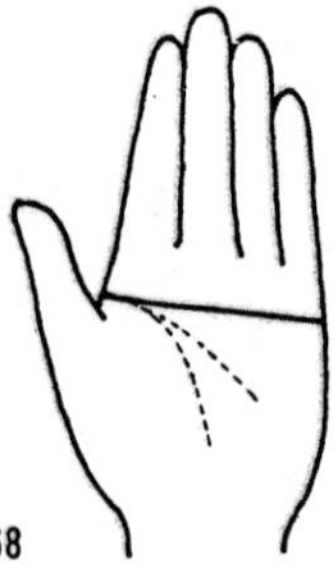

圖68

9——感情線的下方出現數條細紋

是任何人都喜歡的類型。雖然沒有人對於你所表現的八面玲瓏感到厭惡，事實上卻沒有可以眞正聊內心事的朋友（圖67）。

10——生命線、智慧線、感情線聚集在一個地方

不會明顯地表露喜怒哀樂感情的類型，給人冷酷的印象，其實具有冷峻的魅力。其行動的大膽和外表的冷靜判若兩人。這一點又增加了個人神奇的魅力（圖68）。

## 根據感情線瞭解性愛的匹配性

從手相也可以瞭解和深愛的異性之間性愛方面的匹配性如何。每個人對性有其嗜好，不過，男女間在性方面的不協調往往會走上分手的絕路。您不妨比較對方和自己的感情線，思考一下彼此是屬於那一種拍檔，該如何相愛才能加深彼此的戀情。在此根據圖

69診斷妳和他的匹配性及他的感覺。並請參照筆者對各個拍檔所做的建議。

※表中英文的大寫代表男性、小寫代表女性。

1——A的類型（具有A類型感情線）男性和a的（類型的）女性

彼此都喜歡藉由談話或氣氛使情緒激昂之後再有性的關係。性本身屬於正統派，並沒有太激烈的慾望。

2——A的男性和b的女性

老實說男性是屬於對性較感興趣的類型。而女性則是屬於淡泊派，彼此的協調性並不好。如果無法滿足性行爲，大膽的他，可能因性不滿而在外風流。

3——A的男性和c的女性

性的匹配型極佳。彼此可以互求、互給，度過相當滿足的性愛時光。

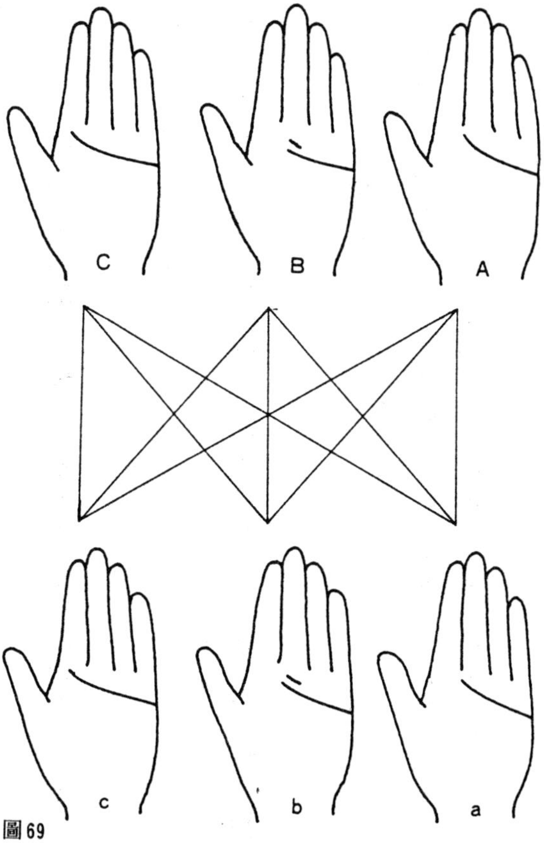


圖69

4——B的男性和a女性

兩人並不特別講究性愛，倒是一起玩樂、聊天、工作較能獲得充實感。匹配性本身並無問題。

5——B的男性和b的女性

以心靈彼此相愛的二人。所以，鮮少在床上燃起激情。多半是男性大膽地要求而女性卻難以配合。

6——B的男性和c的女性

對於把性看得重要的他而言，女性也許過於潔癖而顯得不搭調。如果女性被男性碰觸即會感到厭惡，二人已沒有再交往的可能。因爲，生理上並不搭調。

7——C的男性和a女性

即使生理上的部份無法獲得滿足，然而二人的感情緊密地結合，彼此對對方並沒有特殊的不滿。

### 8——C的男性和b的女性

這種拍檔女性反而比男性較爲大膽、熱情。因此，有時女性可能對男性的帶領無法感到滿足而顯得焦躁。由女性主導反而較能獲得滿足。

### 9——C的男性和c的女性

二人對性愛本身都不遺餘力。互相擁抱時是彼此情緒最佳的時候，性的匹配性非常好。而性格上、對事物的觀念也一致，彼此可以處於相當輕鬆的關係。

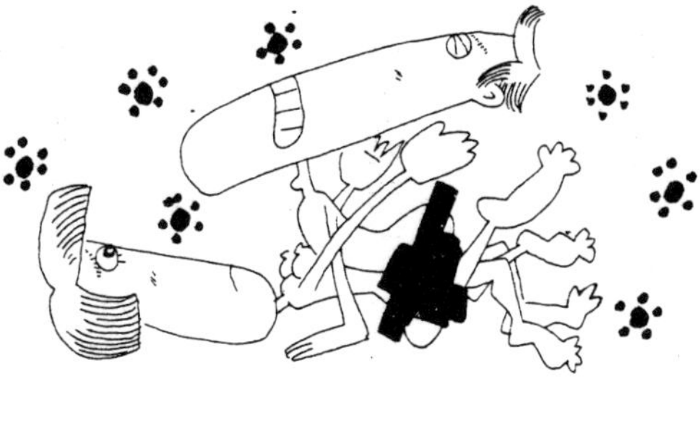

# 命運線

命運線主要是表示個人的社會運勢。在手相主要線紋中最難以瞭解又變化多端，從命運線可以瞭解工作運或一般運、金錢運的變化。

## 根據命運線瞭解你的性格

手掌正中央有一條筆直伸展的線紋，形狀因人而異。最普遍的是從手腕朝中指指根方向延伸而出。

### 1——命運線延伸呈一條直線

對自己的感覺忠實、開朗的人。富有將來性，若能從事活用自己的性格、才能的工作必有極大的發展（圖70）。

2——命運線和生命線重疊

獨立心強、牢靠的人。努力不懈型，並不倚賴家世或學歷而以自己的能力拓展運勢的人（圖71）。

3——命運線呈徐緩的曲線

受大家喜愛的最得人緣者。影視明星常見這種手相。雖然有點驕縱性格卻也因而產

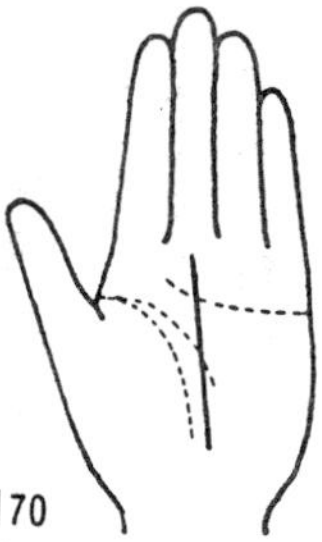
圖70

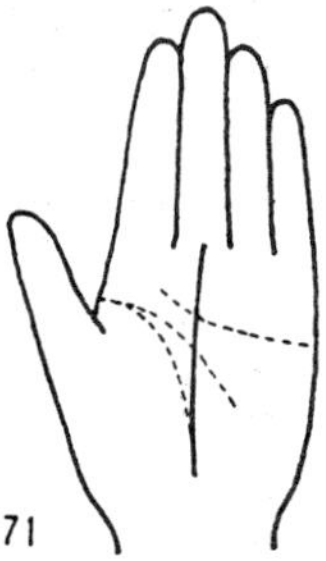
圖71

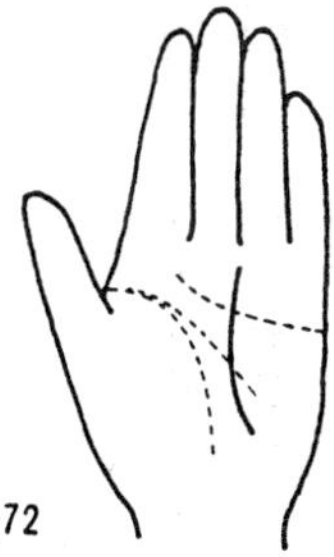
圖72

生魅力（圖72）。

4——命運線只有上端清晰可見

大器晚成型。雖然平常顯得逍遙自在與世無爭的樣子，不過，從中學進高中再進大學之後會漸漸嶄露頭角。眞正的實力從三十年代後期開始發揮（圖73）。

5——命運線短、前端不清晰

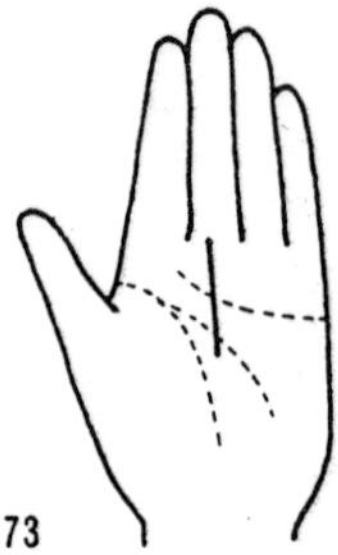
圖73

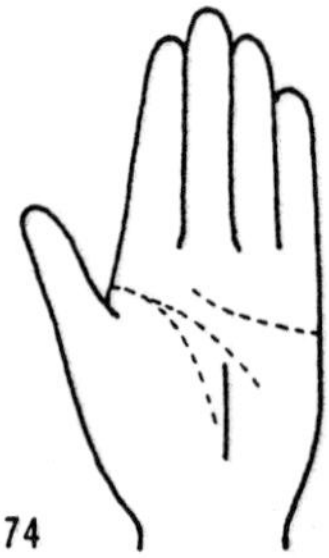
圖74

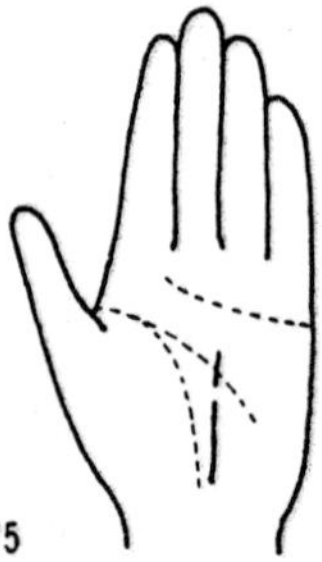
圖75

屬於活動派、具有實行力的人，不過，往往急功好利而行事草率。有時會因判斷不夠周密而造成過失。三十歲以前在工作上獲致成功（圖74）。

6——命運線斷斷續續

多才多藝、積極型。具有能同時處理數件事務的能力，然而，卻也顯現興趣一再轉移的容易厭倦的一面（圖75）。

## 根據命運線瞭解轉職的機會

是否有人平日總覺得自己不適合目前的工作崗位，渴望有機會轉職呢？命運線會告訴我們是否適合轉職以及何時應該轉職。

1——命運線筆直而無變化

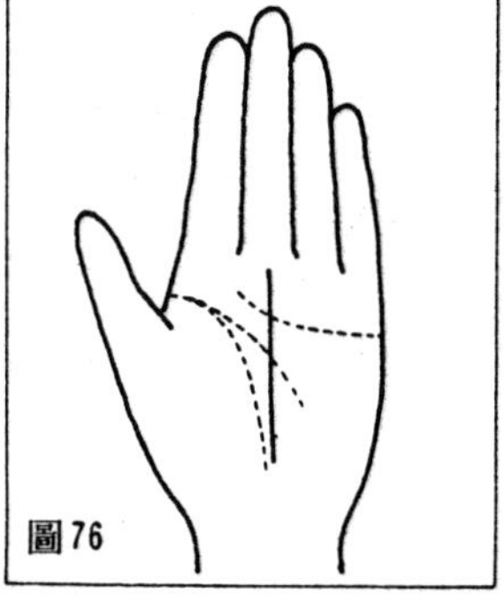
圖76

這類型的人可以長久服務於同一個公司確實地拓展自己的職業生命。尤其是線條明顯又筆直的人，這種傾向尤爲強烈。渴望升級的話最好不要轉職。

在目前公司裡所受的辛勞和轉職後的職場相較下並不足微道（圖76）。

2——命運線途中斷裂

命運線途中斷裂又伸展的人，或呈階梯狀的人，是屬於性格上無法安於同一件工作的類型。對這種人而言並非轉職與否的問題，而是本身就是隨時更換工作的性格（圖77）。

3——命運線的斷裂處傾向拇指

這種手相的人很會掌握轉職的機會。從下面數來

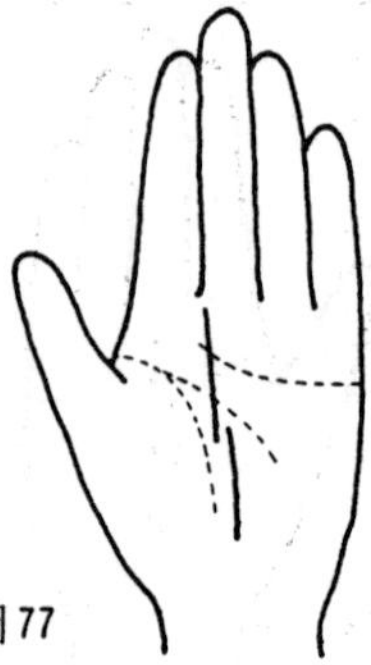

圖77

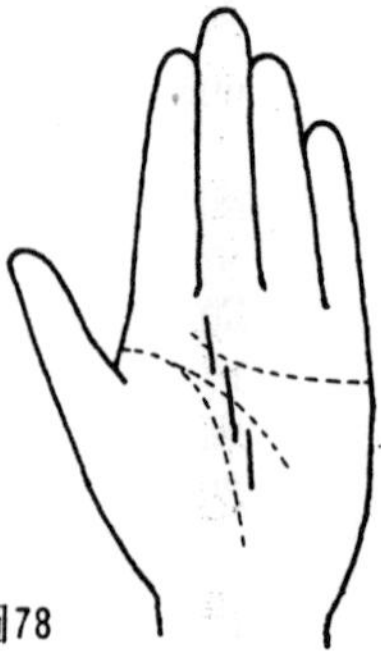

圖78

第二條線較清楚的人，在轉職後的崗位上能獲致成功（圖78）。

4——命運線的斷裂處出現星紋

也是值得轉職的手相。其他公司會認可目前公司對你所漠視的實力，常有挖角的呼聲。如果對目前的職場不滿意應該轉職（圖79）。

5——命運線中途斷裂、生命線分叉爲二

這種手相的人和外國有緣。可能被外商公司挖角或在轉職的公司獲得到國外服勤的機會。平常培養外文能力即可活用機會（圖80）。

6——斷裂的命運線傾向於小指側

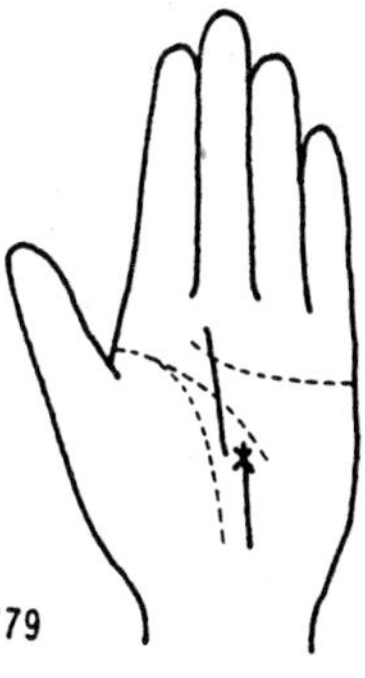
圖79

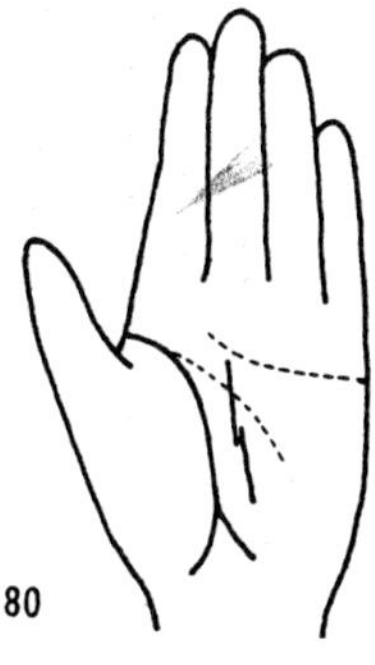
圖80

這種手相轉職會失敗。

斷裂線的前端稀薄者轉職的次數越多運勢越差，注意不要頻繁地轉職（圖81）。

## 7——中途斷裂的命運線又從島紋伸展開來

在轉職地可能會吃苦頭。如果是對喜歡的工作任何辛勞也在所不惜的人倒無所謂，不過，最好能顧慮轉職後的風險而不要輕易轉職（圖82）。

## 8——斷裂的命運線前端出現交叉紋

轉職後三～四年非常順利，然而事後恐怕會發生意想不到的事件。

可能因公司倒閉或犯下被炒魷魚的重大過失。謹記這一點以避免臨時亂陣腳（圖83）。

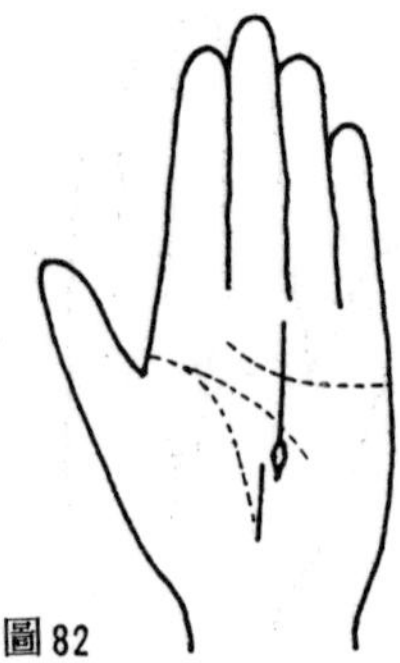

圖82

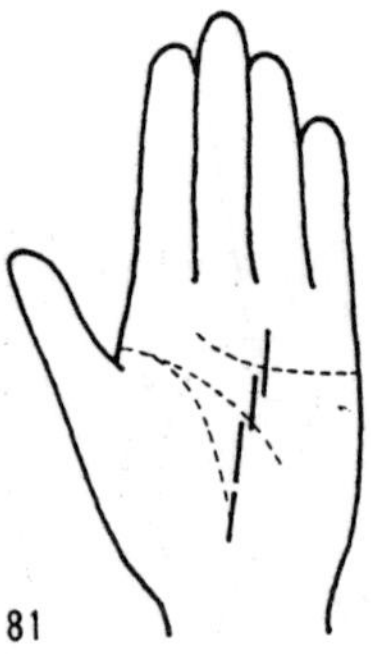

圖81

## 9——轉職的時期？

只看命運線在何處斷裂就可以占卜何時會轉職。

命運線和感情線交叉處是五十五歲。而命運線和智慧線交叉處是三十三歲。從這裡到命運線的起點間二等分之處正好是二十五歲。其餘再做等分然後比照斷裂處，即可明瞭自己幾歲左右會轉職（圖84）。

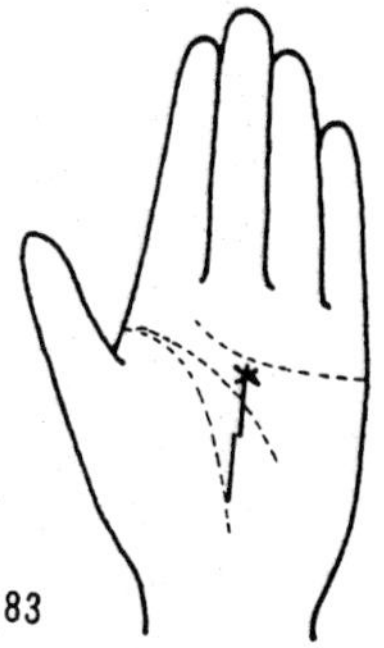

圖83

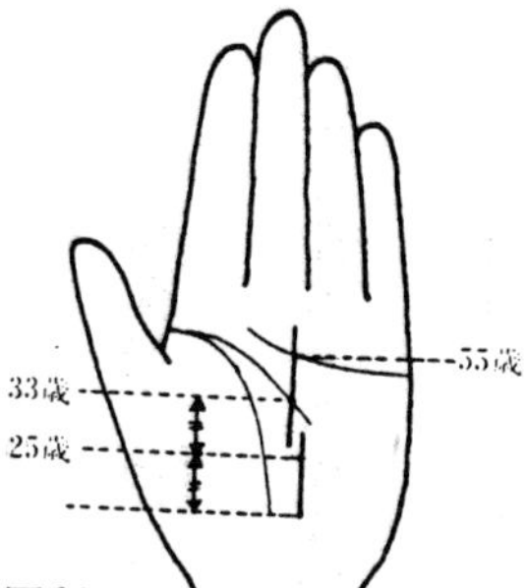


圖84

## 根據命運線瞭解轉機

命運線和個人的年齡有密切關係。圖85是命運線的年齡表。手腕側是零歲，手指指根是八十歲。

如果你的命運線分叉爲二，那是表示環境的變化，代表轉職或搬家、留學等的記號。分叉爲二的分歧點的年齡是開始變化的年度。

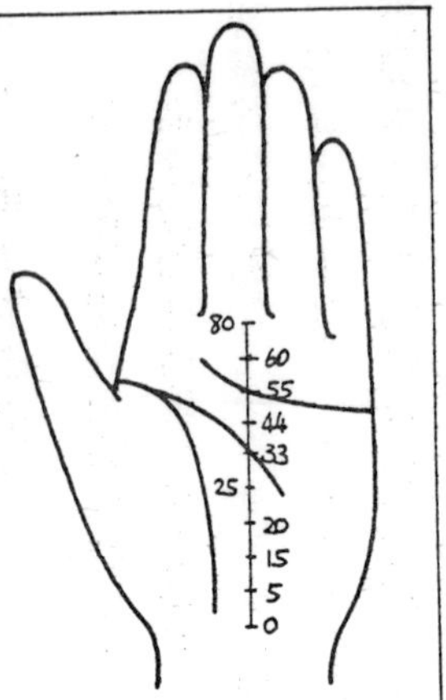

圖85

相反地，即使你渴望改變目前的環境，而手相並沒有這個徵兆時就不會有太大的變化。

命運線在途中突然明顯地呈現出來的人，從這個起點的年齡開始會有好運當頭。爲了避免錯失這個良機從現在開始就應努力地增強自己的實力。

# 妳的他牢靠嗎？●被炒魷魚的類型

1——命運線被交叉紋分斷

這種手相的他在公司裡也許會犯下重大過失而被炒魷魚。如果平常是吊兒啷噹的性格，就沒有人會爲其護駕。是令人不安的結婚對象（圖86）。

2——命運線被從拇指側分叉出的障礙線中斷

和上司或同事水火不容，會立即爭吵而辭去職務的類型。這種人並不太適合公司組織。不妨建議他獨創事業（圖87）。

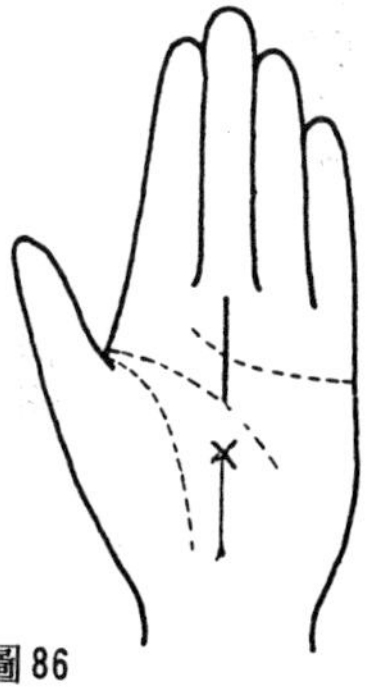

圖86

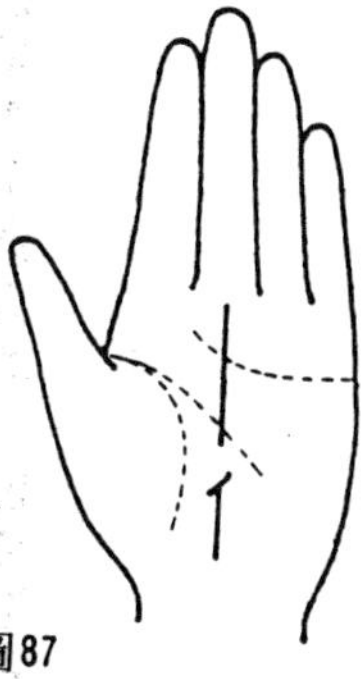

圖87

# 太陽線

有些人的手掌並沒有太陽線，而手掌上清楚地出現太陽線是表示個人的才能或財運。

太陽線是指從無名指指根下方縱向延伸的線紋。

1——太陽線從無名指指根延伸到感情線

一點一滴積蓄錢財的堅實派。最一般性的財運（圖88）。

2——太陽線長過感情線

呈現財運佳的跡象。三十歲以後可發揮個人的實力（圖89）。

3——太陽線超過感情線彎延到第二火星丘

運用專門技術或特別資格而掌握財運的人（圖90）。

4——太陽線往月丘方向彎曲

從事必須有創造力、藝術性等專業能力的工作，必能拓展財運（圖91）。

5——太陽線和命運線交合

具有在經濟上大獲成功的素質。尤其是三十歲過後財運尤爲擴展（圖92）。

6——有數條太陽線而斷裂

揮霍無度者。沒有經濟概念，即使有大筆金錢入帳也會在短期流散而光（圖93）。

7——太陽線呈兩條平行線

雖然有經濟上的困擾，卻能立即獲得旁人的援助（圖94）。

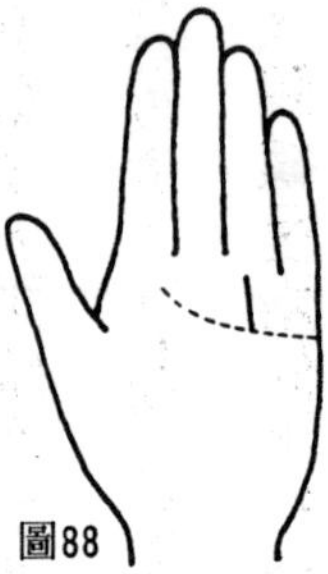

圖88

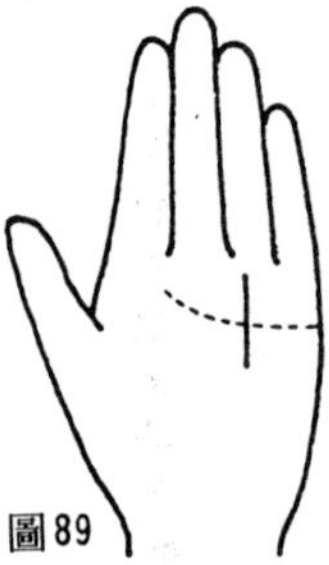

圖89

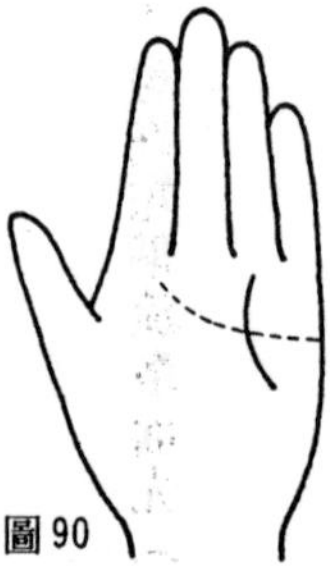

圖90

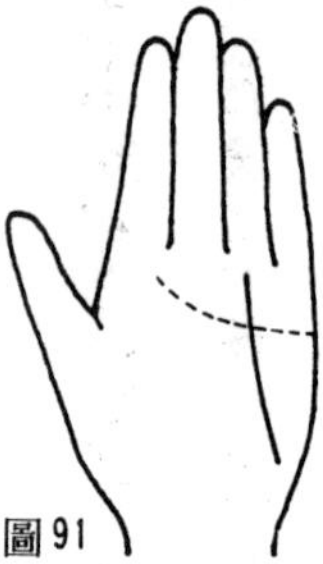

圖91

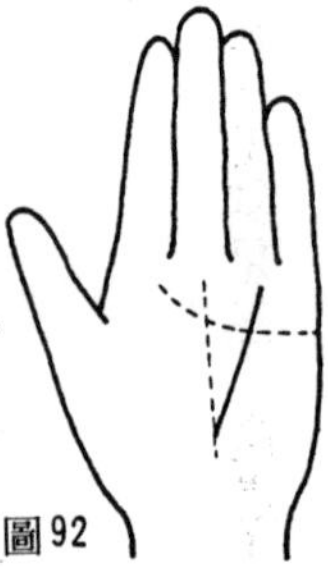

圖92

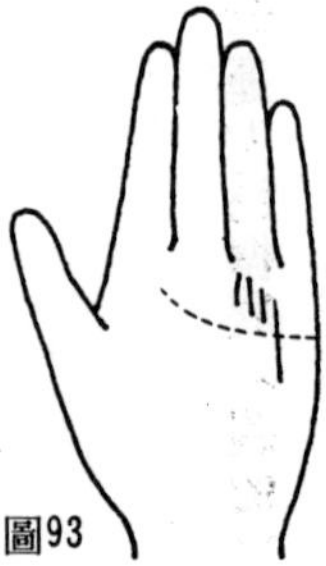

圖93

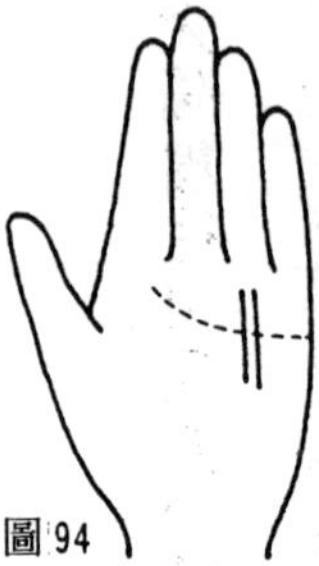

圖94

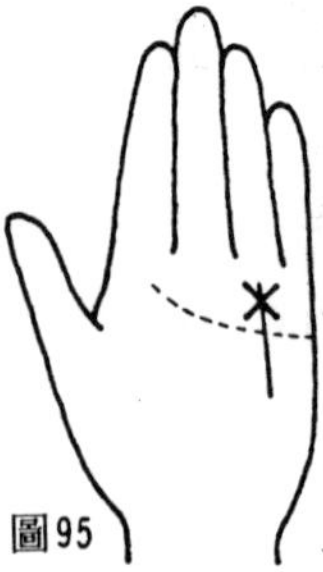

圖95

### 8——太陽線上出現交叉紋

對金錢缺乏管理概念的人。也許常有遺失錢包或失落重要物品的情況。（圖95）。

## 太陽線會告知幸運

仔細觀察太陽線周圍的部份手相可以預測短期的未來。

### 1——從小指側往上彎延的細紋附著在太陽線上

這是暗示使你獲致成功的貴人出現。這個人並不一定是平常交情好的朋友。有時可能是平日敬而遠之的人……。請捨棄無謂的先入觀，仔細地觀察你身遭的人物。當自己的手相出現這樣的紋路而命運線又特別清晰時，是你的運勢最強的時候。不妨帶著自信勇往直前（圖

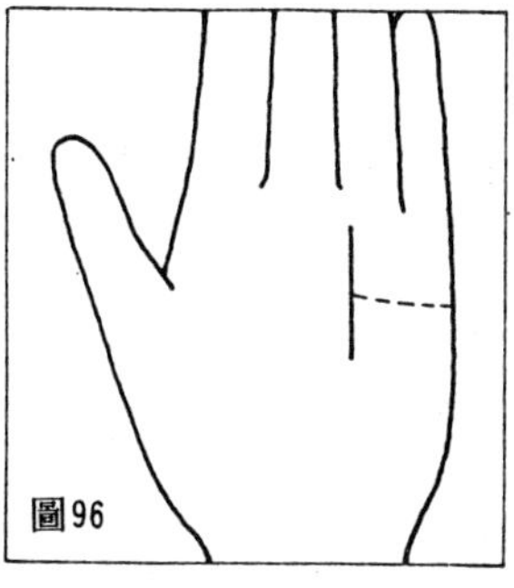

圖96

96）。

## 2——太陽線的前端出現星紋

這是你自己本身未曾察覺的才能將要展現的前兆。應該對自己的一切做一下反省。半年到兩年後是你的才華發揮的時候（圖97）。

## 3——你的太陽線分叉爲三

你的人緣非常高。本來就是努力不懈的人，也許可以說是必然的結果，不過，雙親、師長等長上的評價極高，有令人喜悅的結果（圖98）。

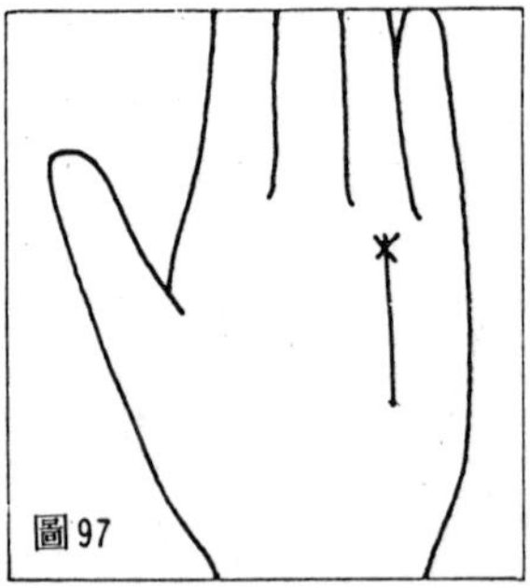

圖97

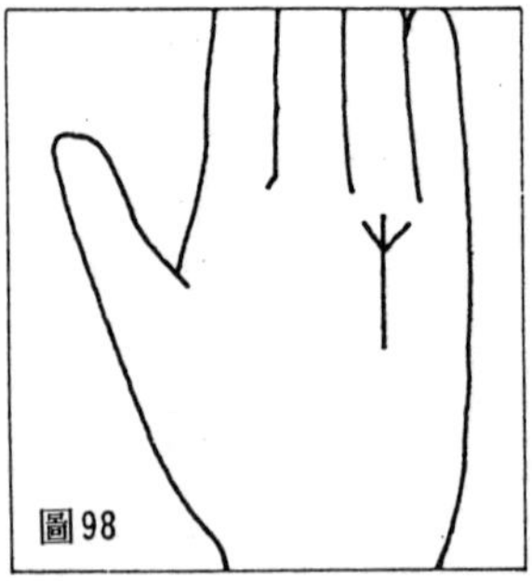

圖98

# 其他的線紋

## 健康線

從小指指根部份往手腕中央彎延的線紋。這是表示個人身體的狀況。當健康線到處斷裂呈現細碎的紋路時，是呼吸器系或消化器系脆弱的表徵。即使身體上沒有不適感，平常也要多加休養（圖99）。

## 影響線

這是指朝向命運線斜向交叉的線紋。而從月丘往拇指方向伸展的影響線，是意味人際關係運的上昇升（圖99）。

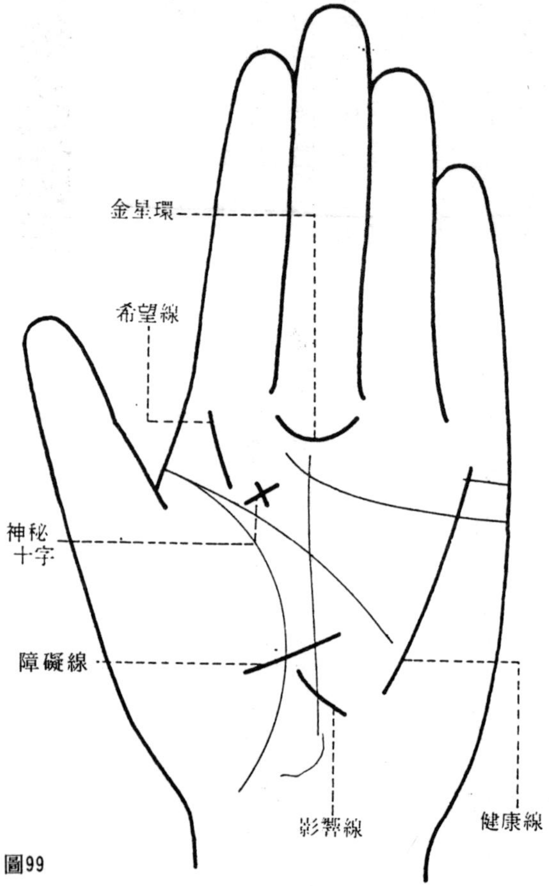


圖99

**障礙線**

從拇指側朝命運線伸展的線紋。這是暗示糾紛或煩惱。出現障礙線時是表示發生了造成工作或日常生活上障礙的事情。（圖99）。

**希望線**

從食指指根附近朝向生命線伸展的線紋。有這條線紋的人具有野心及強過一般人的意慾或向上心（圖99）。

**金星環**

位於中指和無名指指根附近呈半圓狀的線紋。這種線紋並非每個人都有。擁有金星環的人是屬於感受性或美感特別敏銳的藝術家類型（圖99）。

**神秘十字**

這是具有神秘的超能力者的記號。出現在感情線和智慧線間呈十字型的線紋。附帶一提的是，預測甘迺迪大總統被殺等，而有衆多預言應驗的預言家珍・狄克森夫人及超能力者尤立・蓋拉，他們的手掌上都有這個神秘十字（圖99）。

# 不可忽視手掌大小與指紋

3

## 從手掌大小或指紋瞭解了什麼

手相不只是觀看手掌上被稱爲○△線的線紋。手的大小、指紋或指甲等也是觀看手相的要點。我們接著來看看這些各帶有什麼樣的含意。

### 有關手掌大小與形狀

手的大小、形狀因人而異。

和身體相較起來手顯得小的人長大之後仍然帶有稚氣，似乎很容易將內心的感覺表露在臉上。

身體龐大而手也健壯粗大的人，是具有體力、帶著陽剛氣。不過，也有器量比外觀顯得小的一面。大致而言，這些差異也會呈現在性格上。接著我們針對手的大小和形狀再詳細地分類。

## ●——厚實的大手

手強勁有力、手掌厚實多肉。手指也粗。這種手的人最適合從事運動教練或使用體力的工作。性格上是屬於耐力強、努力型的人。不過，這種類型的人要注意一下對人關係。因爲，與人相處的技術略遜一籌，有時缺乏一點體貼心……。

## ●——四角扁平形的大手

平板而呈四角狀的手掌、指根到指尖等粗、指甲形狀也呈四角形的手。一般而言具有這種手相的人是誠實、認眞的努力家。不論是工作或課業都能處理妥當而令公司的上司或老師疼愛。

不過，嚴守秩序、規則又對金錢方面極爲計較，

這一點也許是令朋友敬而遠之的地方……。

## ●——指尖纖細的小手

這是女性常見的纖弱小手。膚色泛白而指尖纖細的手，其個性極爲細膩敏感。是屬於常作夢的幻想家。因此，對事物的看法和常人比較下顯得較爲不實際。相對地，靈感或直覺強過一般人。有不少人運用天生的才能從事藝術家或有關占卜的工作。

## ●——長而軟的手

手指長而軟的手是浪漫主義者的手。性格細膩容易受傷害，這一點在戀愛方面特別明顯。談起戀愛來會忘了一切，一頭栽進的類型。

戀愛經驗多卻常失敗。

同時，多半在健康狀態上屬於不安定的人，請積極地邁向人生，讓自己擁有堅強的體魄。

●——關節凸出的細長手

手上少肉，顯得瘦骨粼粼，手指細長而關節凸出。這種手的人腦筋轉得快，同時也是能深思熟慮的冷靜理論家。不過，這種性格也有其負面影響，例如愛講道理或議論時，貫徹己見絕不讓步，令人認爲是相當頑固的人。

●——圓型的長手

手掌雖然細長而全體卻帶渾圓感。手指纖細而指甲圓的手的人，個性開朗，受到人人的喜愛。

討厭獨處總是喜歡成群結黨。這樣的你，缺點是容易生厭而缺乏計劃性。請收斂一下想到什麼就做的草率……。

## 有關手指的長度

手的大小及形狀不一而足，而手指的長度也是十人十樣。同時，根據各個指頭的長度所顯示的性格也互不相同。從手指的長度可以瞭解你所隱藏的優點、缺點。

## 診斷拇指的長度

拇指是表示個人的知性或行動力的指頭。診斷這個指頭時要將拇指和食指併攏。然後觀察拇指是位於食指指根和第一關節之間的那個位置。

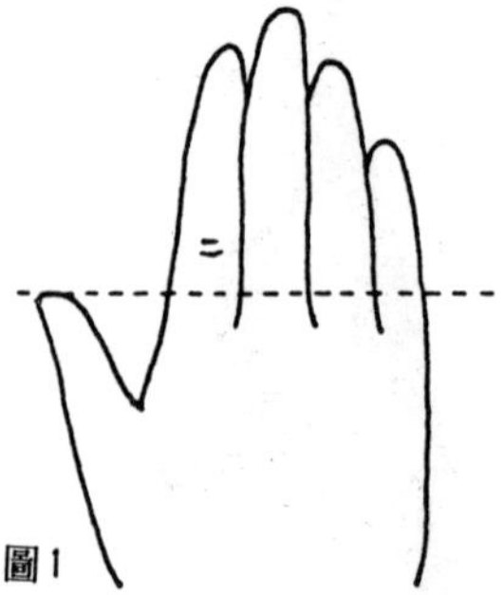

圖1

## ●——位於第一關節和指根的正中央

這是最平均的拇指長度。（以此而分長短）這種長度的人對事物的判斷極爲冷靜而正確。也帶有行動力，不過，基本上是凡事適可而止、較爲內斂的性格，然而也有個人的主見（圖1）。

## ●——短的拇指

這種人情緒起伏較大，缺乏耐力。不拘泥於俗事也没有執著心。但是，具有直覺和靈感，隨性所決定的事情有時會意外言中而令旁人吃驚不已。能敏感地察覺到來的機會，在旁人還躊躇不前之際已能從雜亂中撿到便宜（圖2）。

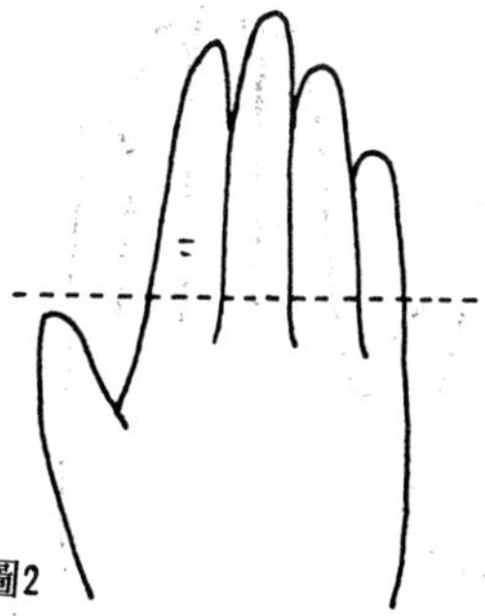
圖2

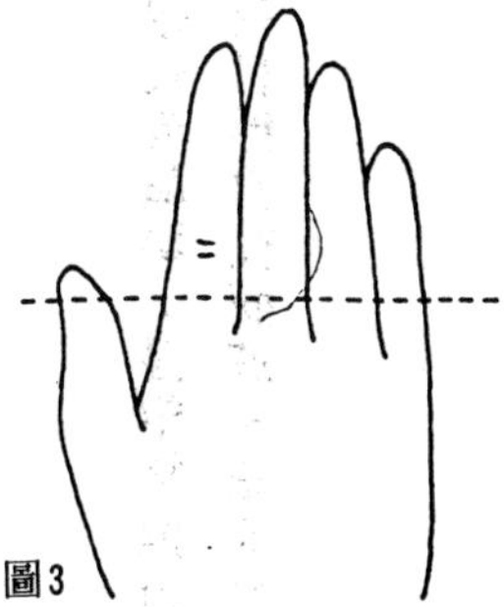
圖3

●——長的拇指

拇指長的人自尊心非常高，討厭受他人指使。因此，在學校或職場上渴望掌握領導權。而處於這樣的立場時會確實地發揮實力，朝自己的希望或目標勇往前進（圖3）。

## 比較食指和無名指

食指的長度可以和無名指比較而得知。伸直五指併攏。然後觀察無名指比食指長或短多少。附帶一提的是食指是象徵自尊心、榮譽感，而無名指是象徵美意識。

●——食指和無名指幾乎等長

具有獨特的觀念，好惡非常明顯，獨佔慾也強。

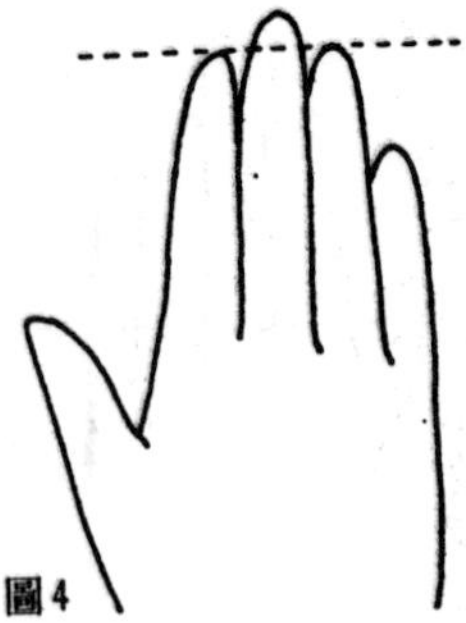

圖4

另一方面不會明確地表白自己的內心事，是周遭人難以瞭解的神秘人物（圖4）。

## ●——食指比無名指長

有自己的觀念、想法，自主性極強而充滿體力的人。懂得統御人而成爲衆人的倚賴。凡事都不服輸，即使有點牽強的事情也正面迎擊而不退縮（圖5）。

## ●——食指比無名指短

這是最普遍的類型。不搶風頭總是配合旁人的舉止而行動。是具有「依附權貴」觀念的人。也因爲如此鮮少和他人產生糾紛，順應性非常高，在任何環境下也能生存（圖6）。

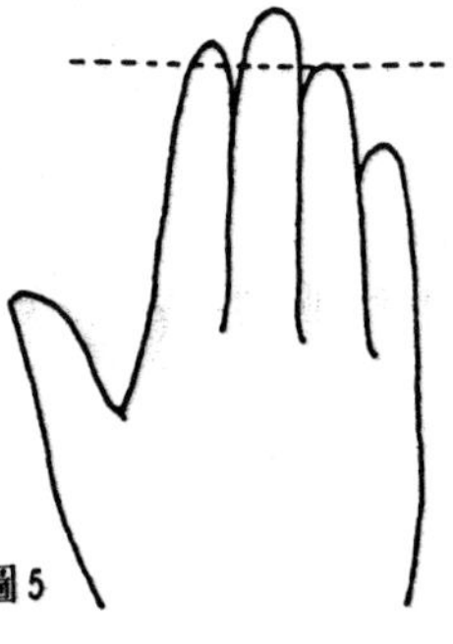
圖5

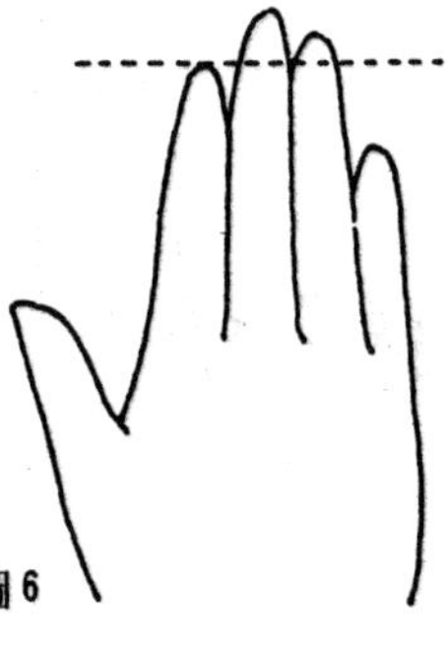
圖6

## ●──無名指顯著地長

多半是具有卓越藝術性、美感的人，在這方面獲致成功的機率極高。對事物的看法以感覺爲優先而不擅長建立條理理論性地判斷。不過，並非有堅強的意志，只要他人強烈的指示則坦然順從（圖7）。

## ●──中指相當長的人

五指中中指特別長時要觀看其特徵。堅挺的中指是認眞而小心謹慎的人。以整體而言，顯得特別長的中指是屬於自幼顯得老成、牢靠的人，不過略帶神經質（圖8）。

# 小指的觀察法

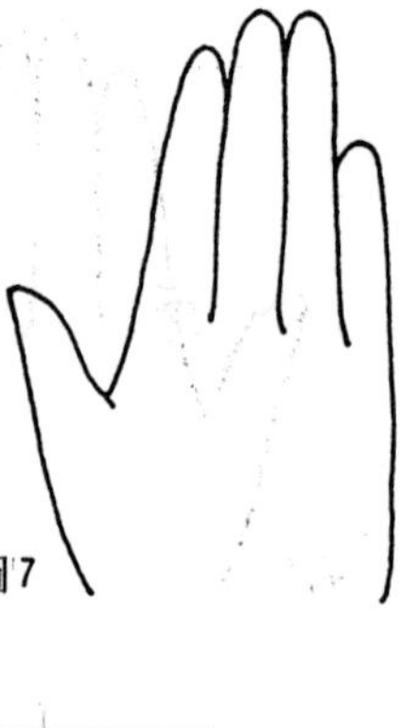
圖7

圖8

小指也是和無名指比較而判斷其長度。五指併攏伸直，以無名指第二關節爲中心，判斷小指是比其長或短。小指是表示感受性或對性的關心度。

## ●——無名指第二關節和小指指尖位置一致

幾乎所有人的小指都是處於這個位置。感受性和一般人一樣，對於大家感動的事物心生感動，認爲美的事物會坦率地讚美，悲傷時自然地落淚。對性的關心或慾望也屬於一般性（圖9）。

## ●——小指短

小指短的人不論男性或女性對性的關心度、慾求似乎較低。同時，小指和荷爾蒙或生殖器的健康狀態也有關係，小指短的人恐怕難以生育或容易染患婦女

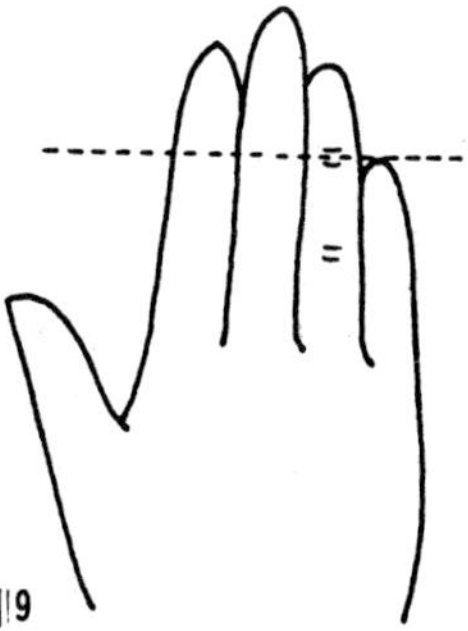

圖9

科的疾病（圖10）。

## ●——小指長

小指特別長的人感受性豐富，具有藝術性的品味。這是具有天使臉孔與魔鬼身材而令異性神魂顛倒的人，在異性間極受歡迎。而美中不足的也許是會動點歪腦筋吧（圖11）。

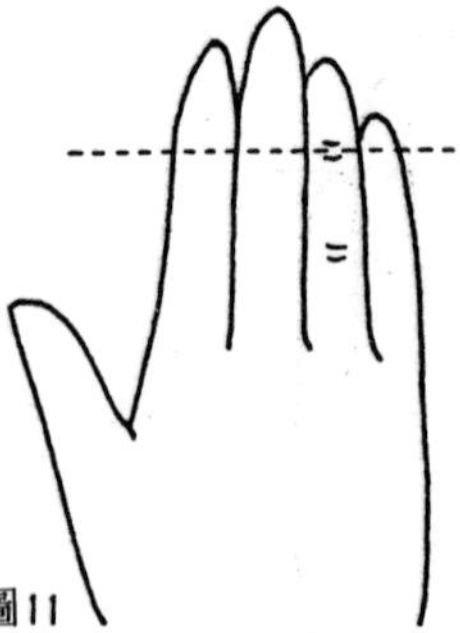

圖11

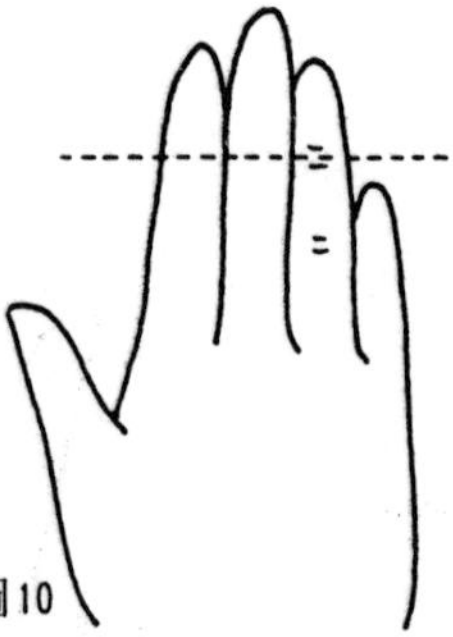

圖10

## 有關指紋

指紋大致可分成四種類。而四種指紋各有其名稱是「蹄狀紋」「渦狀紋」「弓狀紋」「混合紋」。不過，並非五根指頭都是同樣的指紋（當然，也有同樣的情況）。接著我們來看看指紋所表示的性格或運勢。

**蹄狀紋**

指紋中最普遍的型態就是呈波浪流轉的蹄狀紋。這種指紋的人具有溫和的性格。其中尤以五指全都是蹄狀紋者待人處事非常溫和，具有豐富的協調性。不過，往往爲了迎合他人而感到疲憊不堪，常因此背負多餘的辛勞。

**渦狀紋**

呈漩渦狀的指紋稱爲渦狀紋。

渦狀紋也非常普遍僅次於蹄狀紋。根據這種指紋所出現的指頭而有不同的含意。

全部指頭全都是渦狀紋的人，具有對神秘事物崇拜的強烈傾向，靈感也非常強。

**弓狀紋**

弓狀紋是指呈山型的指紋，也稱爲球狀紋。這種指紋較爲稀奇，據說黑猩猩或紅猩猩常見這種指紋。

**混合紋**

兩種型態的指紋組合而成。

● ——只有拇指是蹄狀紋其餘四指是渦狀紋

這種人帶有神經質又缺乏耐性。做任何事總是心浮氣躁而常犯過失。雖然個人的能力高於一般人，卻在這方面蒙受損失。做任何事應以寬裕的心情去面對。

＜渦狀紋＞

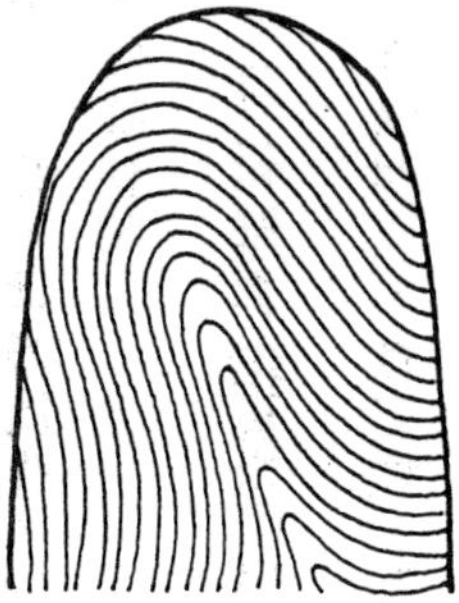

＜蹄狀紋＞

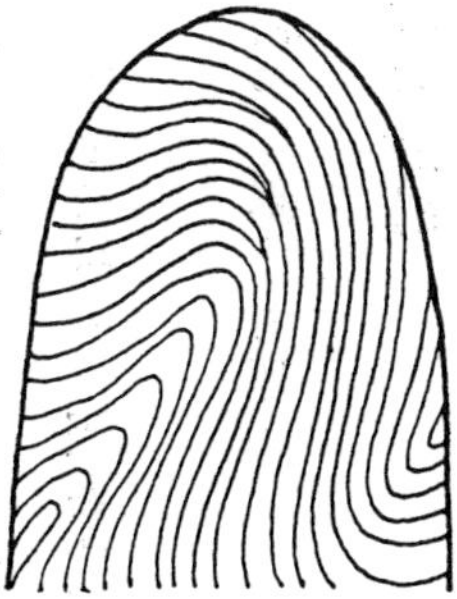

＜混合紋＞

＜弓狀紋＞

●——只有食指是蹄狀紋其餘四指是渦狀紋

這種人的弱點是戀愛問題。喜歡上對方則全心投入，因而與異性的糾紛頗多，同時而造成其他方面的不良影響。

本來是腦筋靈敏的人，最好能將工作和戀愛劃分清楚。

●——只有中指是蹄狀紋其餘四指是渦狀紋

誠實而值得信賴的人。如果有人向其請求或商量，必會設身處地的爲對方著想並伸出援手。因此，獲得周遭者的強烈信賴。不過，也有人是覬覦你的善良而不懷好意，請注意不要被利用。

●——只有無名指是蹄狀紋其餘四指是渦狀紋

富有協調性、社交性，深受大家的喜愛。只不過刻意求好恐怕會被人認爲是八面玲瓏的人……。

在重視團隊精神的工作上懂得和他人取得協調，在團體中較能發揮能力。

●——只有小指是蹄狀紋其餘四指是渦狀紋

討厭爭執渴望平穩的生活，不羨慕充滿刺激的生活型態。同伴之間若有所糾紛，懂得如何調解而使氣氛平息下來。這種人的能力深受朋友或老師、上司的信賴與評價。

●——食指、中指、無名指是蹄狀紋其餘是渦狀紋

對於自己想要做的事會訂定計劃使其成功的努力家。不容妥協的嚴謹性格有時會使人際關係惡化，因此，應注意在待人態度上所應有的體貼心。

不過，基本上話題豐富是具有魅力的人品。

●——食指、中指、小指是蹄狀紋其餘是渦狀紋

這種指紋的人是中年以後才能享受人生的樂趣或喜悅。因此，年輕時在工作上或戀愛上並不得意。不過，相對地在人生的後半段有優厚的物質與精神的寄託。因此，即使

目前處於困境的人也不要氣餒。

●——拇指、中指、小指是蹄狀紋其餘是渦狀紋

獨立心旺盛，年輕時即打算離開父母獨立創業。具備頑強的耐力與意志力，能正面地迎戰任何困難。相反地，一絲不苟的性格也可能造成樹敵的原因。

●——拇指、中指、無名指是蹄狀紋其餘是渦狀紋

小心謹慎，是「敲石渡橋」的慎重派。如果沒有絕不失敗的確實則不行動。所以，即使機會來到眼前也會因顧慮風險而使機會錯失。不過，倒可以度過紮實的人生。

## ●——拇指、食指、小指是蹄狀紋其餘是渦狀紋

非常喜歡新穎事物、對流行敏感的人。所以，最適合新製品的開發或企劃的擬定。如果能壓抑容易生厭的性格，在上述的分野上必有令人矚目的活躍。

## ●——拇指、食指、無名指是蹄狀紋其餘是渦狀紋

對事物的看法過於偏頗。如果無法自覺這個缺失，很容易自以爲是而強制他人令人感到厭煩。若能改正自我爲中心的缺點並尊重他人的意見，人際關係必會變得圓滑。

## ●——食指、無名指、小指是蹄狀紋其餘是渦狀紋

較早離開父母身邊而獨立，然而不擅長與人交際，天生無法長久處於同一個職場，因此生活不安定。如果不藉由積極與他人交往而改正內向又厭世的性格，運勢恐怕節節下降。必須有更積極向前的姿勢。

## ●——拇指、無名指、小指是蹄狀紋其餘是渦狀紋

如果生活沒有謹守規則或道德，則感到不安的類型。當他人破壞自己既定的原則時會感到焦躁不安，同時也非常在意他人對自己的評價。在戀愛方面一旦失戀會留下極深的傷痕。如果被異性甩了傷痕會成爲日後煩惱的原因。如果能捨棄無謂的拘泥，開朗地過生活，運勢自然會上升。

## ●——中指、無名指、小指是蹄狀紋其餘是渦狀紋

藝術家氣質，藝術性、美的品味極高。不過，弱點是有藝術家常見的非社交性、非現實的一面，討厭別人干涉自己所從事的事而形成孤立，然而卻一點也不在意。是屬於信守自己的信念而勇往前進的類型。

## ●——拇指、食指、中指是蹄狀紋其餘是渦狀紋

腦筋靈敏、個性開朗、口齒伶俐。在同伴之間是最得人緣者。不過，美中不足的是

顯得輕率而不沉著。雖然要領好，卻有玩世不恭的一面，大概有不少意想不到的失敗。性格雖好卻應對自己的言行舉止多加留意。

●——只有拇指是渦狀紋其餘四指是蹄狀紋

年輕時高低起伏的人生受苦良多。但不需要悲觀，年輕時的辛勞全和晚年的成功有關。付出越大的勞力所獲得的地位、財產或家庭的溫暖也越大。

●——只有食指是渦狀紋其餘四指是蹄狀紋

喜好華麗、具有十足社交性、適合慶典的人。也會積極地照顧他人。多少有點老大的氣質。由於這種性格受到大家的擁護，不過，這可能是他人覬覦的焦點，應注意。

●——只有中指是渦狀紋其餘四指是蹄狀紋

腦筋靈活領悟力強。做任何事情都妥妥當當，不過，常有光說不練的缺點，在旁人眼中是吊兒啷噹的人。如果在衆人之前表現自己具有實力的一面，而獲得信用必可提高自己的身份地位。

## ●——只有無名指是渦狀紋其餘四指是蹄狀紋

得天獨厚的人。個性開朗而具魅力，不論男女都受歡迎。具有率先掌握機會的資質，又會努力不懈。所計劃的事情會獲得周遭者的協助，幾乎都能成功。

## ●——只有小指是渦狀紋其餘四指是蹄狀紋

雖然是野心家，卻無法持續幹勁，因而難以達成目標。既然具有達成目標的實力，應不畏障礙試著努力不懈貫徹到底。另外，也具有容易受他人意見左右的一面，應具有貫徹己念的意志。

## ●——食指、中指、無名指是渦狀紋其餘是蹄狀紋

不分年齡都是頑固而質樸的人。雖然心地好卻比常人更拘泥於事物的常理，有時會令人覺得帶有一股頑老頭的味道。隨著年齡的增長越有厚實感，慢慢會受人尊敬。

●——食指、中指、小指是渦狀紋其餘是蹄狀紋

自己的直覺是事物判斷的基準。絕不受資料或他人意見的困擾。具有敦厚的人性，待人親切，因此，有許多人對你帶有好感。具有野心的人晚年之後會成功。

●——拇指、中指、小指是渦狀紋其餘是蹄狀紋

常因性急，魯莽行事而吃大虧。到國外旅行卻忽視當地的風土民情，擅自行動而招來麻煩。有所行動務必三思而後行。

●——拇指、中指、無名指是渦狀紋其餘是蹄狀紋

大而化之、沉著而成熟的人。具備統合團體的卓越才幹，是活躍的領導者。有時過度大而化之而變得懶散，但不致於造成致命傷。

●——拇指、食指、小指是渦狀紋其餘是蹄狀紋

極端厭惡被人命令、束縛，渴望自由。因此，不適合做在公司的體制下生活的上班族。從事自由業逍遙自在地生活最適性。

●——拇指、食指、無名指是渦狀紋其餘是蹄狀紋

以自我的直覺做判斷事物的基準，絕不受外界資訊或他人意見所左右。富人情味、待人親切，很獲別人的好評。具有野心者晚年會成功。

●——食指、無名指、小指是渦狀紋其餘是蹄狀紋

頭腦構造較適合文科系而不適合理科系。不擅長分門別類的以條理來思考事物或分析資料，因而不適合必須做市場調查的生意買賣。也許只思考眼前的事就顧不得其他，不過，仍然必須擴展自己的視野並思索自己的未來。

●——拇指、無名指、小指是渦狀紋其餘是蹄狀紋

待人和善，可以使人際關係圓滑的人。不論任何事都不會氣餒而努力不懈，因而能

博得好感。有許多人對你抱以期待，不過，有時會因而造成壓力而難以發揮實力。不必在意周遭人的耳目，儘管以自己的方式處世吧。

## ●——中指、無名指、小指是渦狀紋其餘是蹄狀紋

開朗、活潑、所從事的事都能正中目標又得人緣，是令人欣羨的類型。若非過份奢望，幾乎所有的希望都能達成，是屬於運勢極強的人，不過，如果得意忘形會使人緣降低而運勢也急速跌落。不要忘了對他人的體貼。

## ●——拇指、食指、中指是渦狀紋其餘是蹄狀紋

個性相當極端，具有兩面性，有時自尊心高得異常，有時則又對自己失去信心變得悲觀。應該表現的層面卻出現在相反的狀況下而引起糾紛，這一點要特別注意。對異性常表現消極的態度，眞的喜歡上對方應該鼓起勇氣向對方表示。

# 你的指甲有問題嗎？

指甲和手指一樣會暴露個人的性格。而根據指甲的色澤或表面的狀態也能瞭解健康情況，擔心自己身體健康狀況的人請仔細地觀察。

而看指甲的形狀是以剪齊的狀態來分析，即使留長顯現長方形，剪掉後變四角形的情況，則應以後者來判斷。

## ●——四角形指甲

忍耐力強的性格。不過，也有執拗不休的一面，惹惱這種人可不好應付。

這種形狀而指甲顏色又濃厚的人，是屬於愛恨分明的人，動怒之後即雨過天晴。

相反地，指甲泛白的人是屬於糾纏不休的類型。

四角形而小的指甲，是心胸狹窄又有任性的缺點。

## ●—拱形指甲

不喜好爭執，個性溫和、敦厚。

即使不得已必須和勁敵競爭時，也不會裸露鬥爭心。

這種人只有在自尊心受到傷害時才會勃然大怒。雖然體力並不太好，其知性卻可以給予彌補。

## ●—長方形指甲

成熟而穩健的人。遵守規則做事有條不紊。

喜好整理而帶有一點潔癖。經常檢點自己周遭的環境，討厭弄髒雙手的工作……。

經常被人認為是帶有神經質。

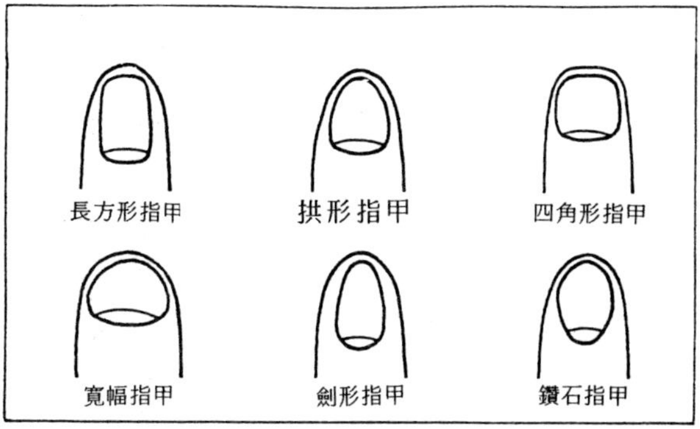

## ●——鑽石形的指甲

屬於樸素、誠實的性格。恭謹有禮又典雅，屬於舉止高雅的千金小姐型，成爲衆人嚮往的目標。鮮少勃然大怒，不過，碰到這類情形會變得有些歇斯底里而令旁人大吃一驚！

## ●——劍形指甲

這種指甲形的人，一旦想做某事必全力以赴朝目標前進。

這種人的熱心與努力多半會獲得回報，達成目標。

但是，有時會本末倒置爲目標付出太大的犧牲或代價。

## ●——寬幅指甲

性格屬於開朗大方的「阿沙力」型。

不過，對自己喜歡或感興趣的事情顯得積極，有時甚至不顧前後盲目地行動。反應較快而退熱得也快。

## ●——貝形指甲

指甲前端較寬廣的貝形指甲，是表示積壓太多壓力，或精神處於相當疲憊的狀態。

這時多半是承擔過重的工作或生活過於緊湊而壞了身體。請特別注意。

## ●——表面凹凸的指甲

健康上出現問題時指甲會呈凹凸狀。

凹陷的指甲是營養不良、血液循環、淋巴腺等身體上某些腺體出現異狀時。

而隆起的指甲可能是胸或肺、呼吸器的疾病。

當覺得最近的身體情況不太好，而指甲的狀態也

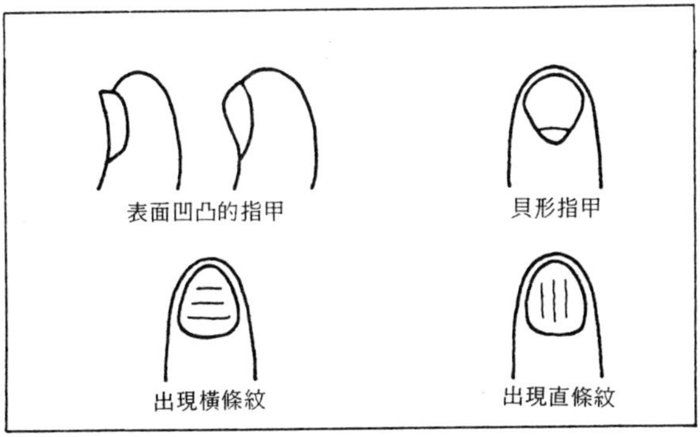

如前所述不妨到醫院檢查一下？

## ●——指甲上出現直條紋

如果縱向的紋路深而清晰時要特別注意。
這是帶有糖尿病的跡象或暗示正在進行中。

## ●——指甲上出現橫條紋

指甲上出現溝狀的紋路時，乃是受傷或手術之後。
這段時期身體尚未完全康復，絕對不可勉強自己的體力。
另外，指甲上有時會出現白色的斑點。這多半是受到某種刺激或感到驚喜……發生令人意外的事情之後。

# 婚姻運、職業運的另一種判斷法

4

# 從婚姻線以外的線紋判斷你的婚姻和戀愛類型

一般是根據婚姻線判斷戀愛狀況或婚姻型態。但是，從婚姻線以外的智慧線或感情線等也可以窺見一斑。

## ●——智慧線呈曲線而延伸到月丘

對戀愛抱著夢想或理想的人多半屬於這種類型。雖然渴望羅曼蒂克的戀情，卻又追求刺激性的冒險。這種手相的女性對年幼的男性，而男性則對年長的女性感興趣（圖1）。

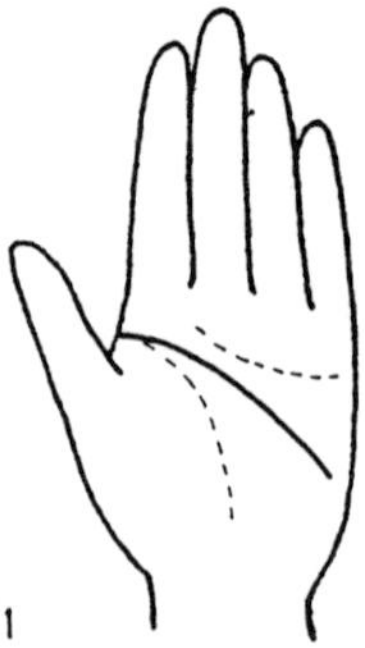

圖1

## ●——智慧線延伸到無名指下

不論工作或生活，甚至戀愛都渴望安定的狀態。鮮少出現戲劇性的邂逅機會，多半是藉由朋友介紹或和同一個公司的同事結婚。如果男女都屬於這種手相，則可建立一個平穩又溫暖的家庭（圖2）

## ●——智慧線極短

智慧線只到中指的下方位置。這種手相的人受富有知性、受具有教養的人所吸引。多半是職業婦女，把工作放在結婚之前因而屬於晚婚型。如果結婚則不渴望孩子希望過著頂客族的生活。同時，這種手相的人也有可能陷入同性戀（圖3）。

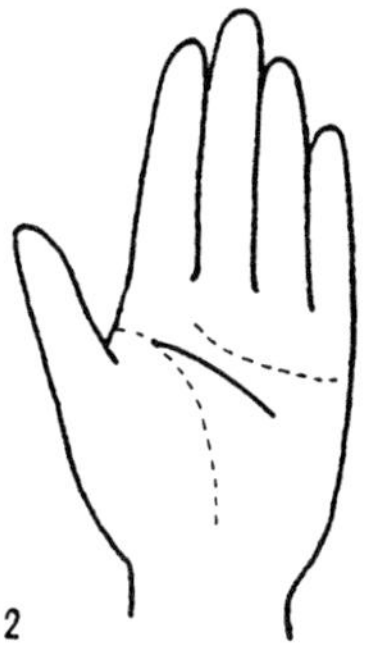
圖2

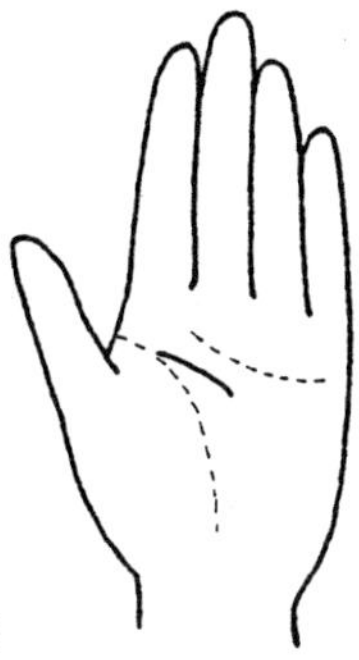
圖3

## ●──感情線呈一條直線

感情線呈一條直線橫斷在手掌上，是相當稀奇的手相。有這種手相而火星丘隆起的人充滿性魅力。

但是，對戀愛帶有如意算盤的觀念，會先思考對方是否對自己有益才與其交往（圖4）。

## ●──感情線分叉出朝上的複數線紋

戀愛運非常好的手相。感受性強，喜好羅曼蒂克。男性多半是純情又具有個性的人，而女性性格開朗具有體貼心。

男女雙方都是衆人喜歡的偶像型人物，可以博得人緣（圖5）。

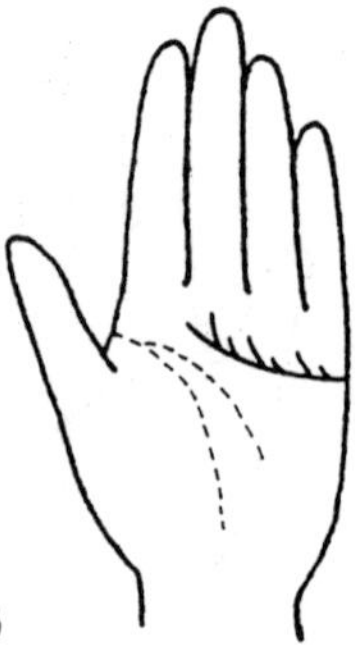

圖5

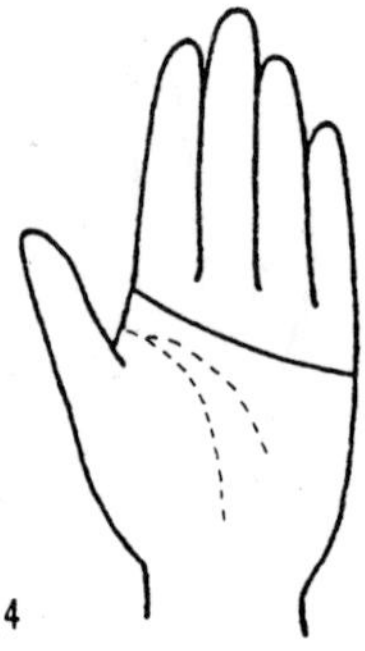

圖4

## ●——感情線極短

感情線短只延伸到中指附近的人，做任何事都相當積極。在性方面也是一樣，經常和複數的異性有性關係。這種性格的你並不適合婚姻（圖6）。

## ●——感情線朝中指彎曲

這種類型的人往往以自我爲中心。在戀愛方面會以爲自己彷彿是受人吹捧、呵護的公主，不在意對方的感受如何。又動輒吃醋。

如果不爲對方的立場著想只顧自己，不論是婚姻或戀愛都無法持久（圖7）。

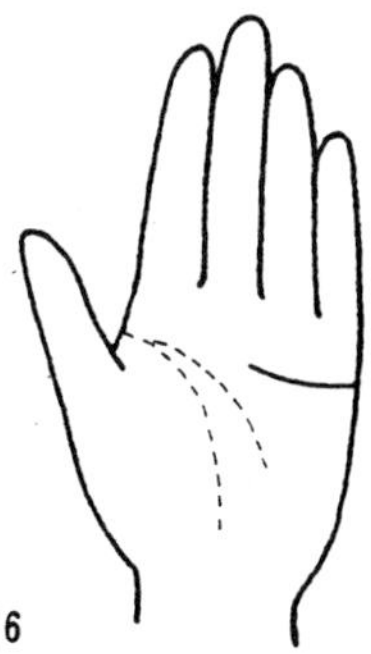

圖6

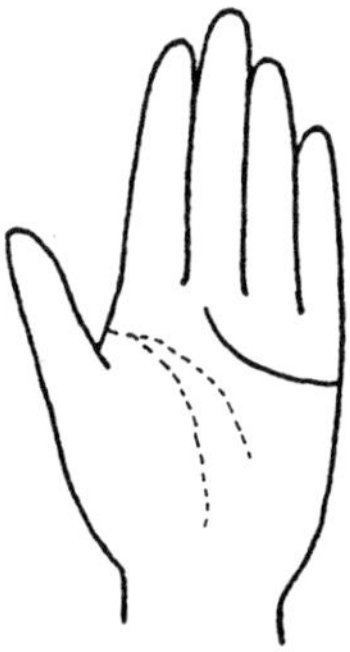

圖7

## ●——感情線上有島紋

很抱歉，有這種手相的人意味著目前的戀愛正走向悲慘的結局。

並非你和對方的性格不符，可能是周遭的反對或你或對方身邊有突發事件，使雙方的感情觸礁。

這種島紋總有一天消失，所以，在出現島型紋的期間不要談戀愛也許較能避免傷害（圖8）。

## ●——感情線、智慧線及生命線從同一個地點出發

這也是非常稀奇的手相，據說日本只有五%的人有這種手相。這種手相的人相當怪異。只要喜歡上某個人即落入情網而顧不得其他。

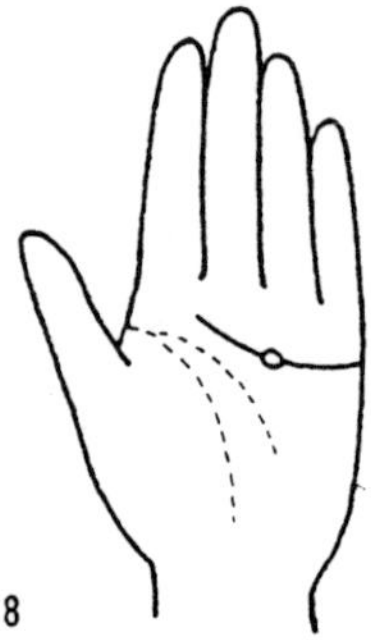
圖8

圖9

墜入情網後會表現柏拉圖式的情懷或病態的舉止，換言之會有雙重的舉止出現（圖9）。

## ●——金星丘上有許多細紋

這是所謂花花公子、花花女郎的手相。

雖然和許多人談戀愛卻只是遊戲人生的感覺。這種人談戀愛並非為了獲得某種成果，只是展現自己個人的魅力或以讓對方著迷為樂。

所以，和這種手相的人談戀愛最好不要以為可以走上紅毯的那一端（圖10）。

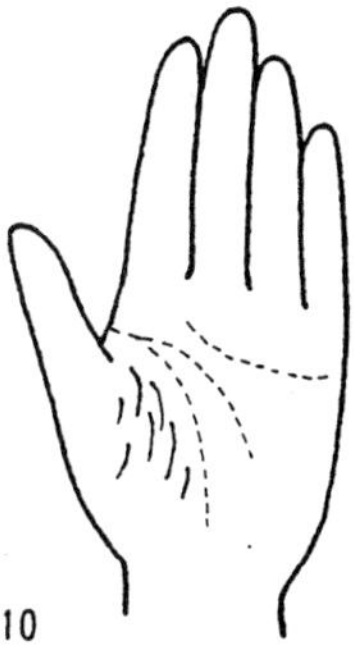

圖10

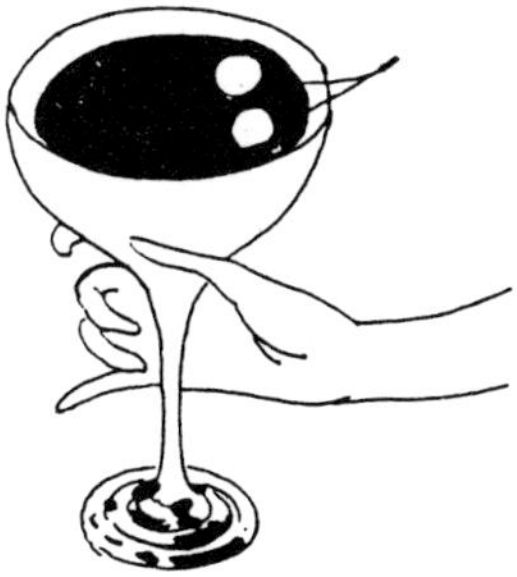

## ●——第二火星丘上有橫線

這條橫線稱爲反抗線。反抗線誠如其名是動輒產生叛逆心，而令旁人感到困擾。

雖然生性不壞卻喜歡標新立異。在戀愛方面也會朝令周遭人擔心或反對的戀情發展（圖11）。

## ●——第二火星丘上出現朝上的細紋

喜好自由、行動派的人。屬於精力充沛型，對既定的事情會處理妥當而迅速。

在戀愛方面也不遺餘力，碰到任何問題都能迎刃而解，最後成爲戀愛的勝利者（圖12）。

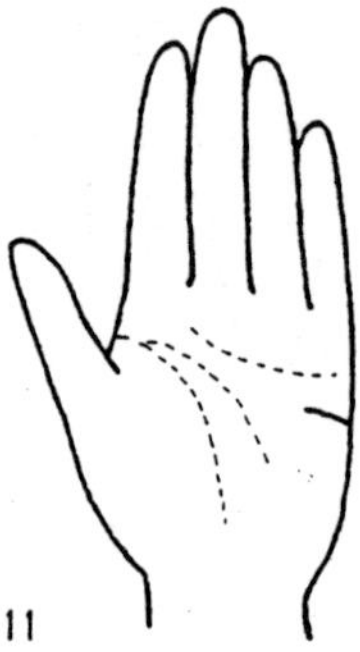
圖11

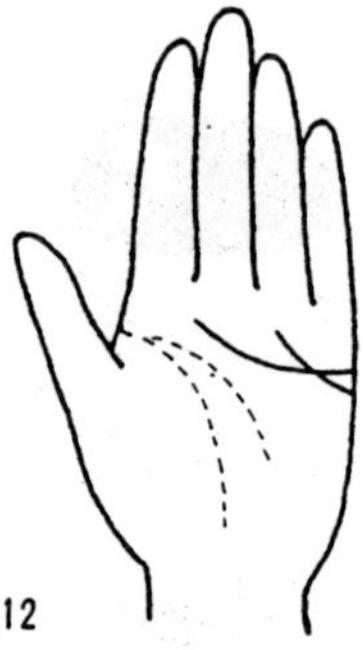
圖12

## ●——感情線的前端分叉為二

不論男女都是具有體貼心、魅力的人。雖然有許多戀愛的機會，卻比一般人對戀愛不感興趣，因而婚姻也較晚。

這種手相的女性具有中性的氣氛，有不少人具有同性戀的關係（圖13）。

## ●——有一個巨大的金星環

手掌上出現清楚的巨大半圓型金星環的人，具有藝術家的美感及舉止特異的一面。有主動陷入造成醜聞的戀愛的強烈傾向。不論單身或已婚會刼奪他人的情人、婚外情、拈花惹草……。相信有不少人因為你的任性而暗自飲泣（圖14）。

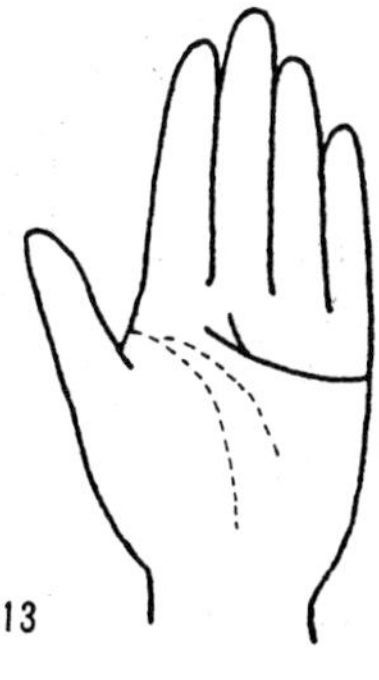

圖13

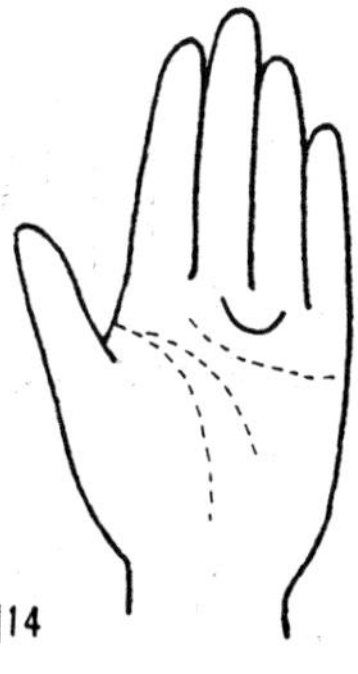

圖14

●——智慧線和生命線分離，感情線斷斷續續

貌美而體態窈窕，從青春期開始即是男性追求的目標。如果性格好，倒是所謂的窈窕淑女君子好逑，但是，性格急躁又任性。

如果男性是這種手相，中年以後極有可能變成性變態（圖15）。

●——感情線延伸到食指的根部

對戀愛極爲害羞，很難將自己眞正的感覺傳達給對方。而且，外表看似冷酷，即使並無意對對方表現冷淡的態度也往往遭受誤解。

在工作上獲致成功，也許勝於戀愛的成果（圖16）。

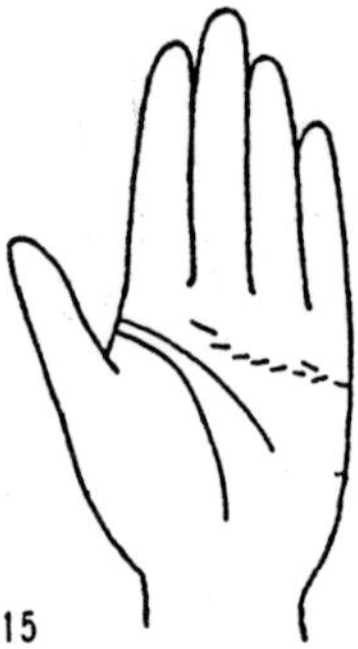

圖15

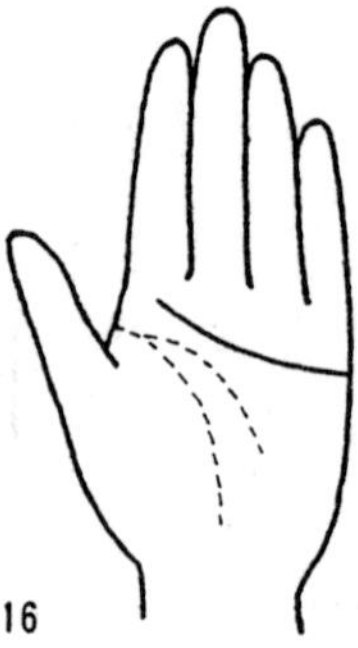

圖16

## ●——感情線上有交叉紋

你是否覺得最近和對方的感情產生齟齬？交叉紋是暗示兩人的關係已經畫下句點。不足微道的爭吵成爲導火線而使二人的心背道而馳。在不久的將來可能會面臨如此悲慘的結局（圖17）。

## ●——智慧線和生命線分離，感情線出現朝下的細紋

在戀愛方面非常積極。本來就是個性開朗又富社交性的人，因而極得人緣，如果與同好結成搖滾樂團而受到矚目，將使人緣與魅力倍增。

但是，主動向異性示愛遠比被對方求愛較適合這種人的本性（圖18）。

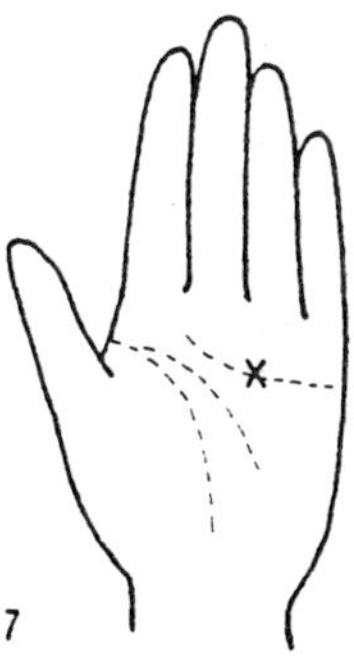

圖17

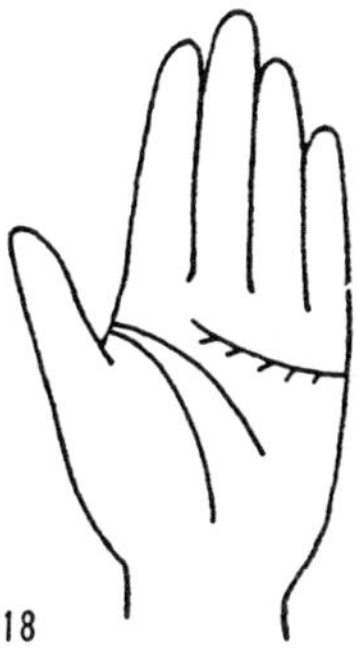

圖18

# 根據手相瞭解適合你的職業

有些人從小就立志從事某種行業或擔任某種職務，諸如醫生、護士、空中小姐等。但是，卻有許多人沒有察覺自己所具有的才能。根據手相的線紋可以瞭解你的才能和適合的職業。如果對於該從事何種行業感到不知所措，不妨占卜看看。

## ●——偏離生命線的位置出現短而朝下的智慧線

頭腦靈敏，自尊心旺盛的行動派。即使是女性，多半有不讓鬚眉的工作能力。同時，也可以自立門戶開創事業。適合這樣的你的職業是實業家或各種行業顧問。男性最適合從事博得聲譽的工作——政治家或運動選手、飛行員等（圖19）。

## ●—智慧線有兩條

智慧線有兩條的人天生多才多藝又屬於活動派，因而從事任何職業都適合。但是，若是女性最好擔任秘書的工作。具有各種分野的知識又鉅細靡遺的你，是上司最好的左右手，必可充份地發揮才華（圖20）。

## ●—智慧線的前端分叉爲二

智慧線的前端朝月丘分叉爲二的人，具有藝術性才能，又能將事業處理妥切，具有

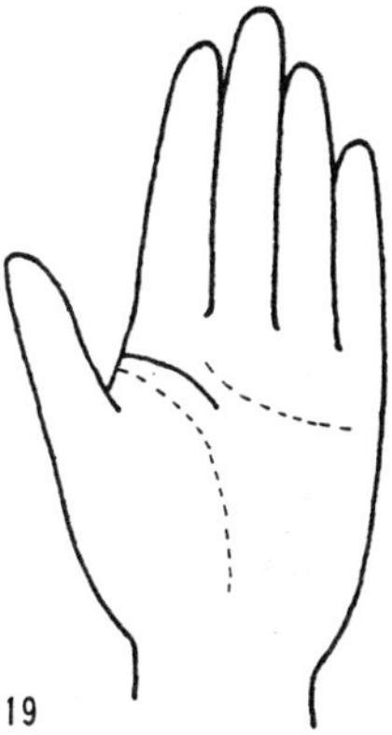

圖19

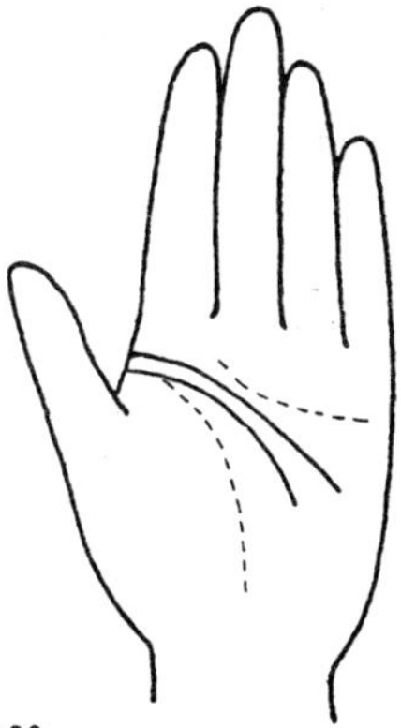

圖20

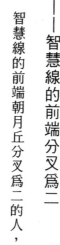

性質互異的兩種才能。

因此，從事那一種型態的工作都有好的結果，當然，也可以做美術商或經營藝術畫廊（圖21）。

## ●——智慧線從偏離生命線的位置延伸到手掌的中央

對於自己所決定的事情必貫徹到底，屬意志堅強的人。同時，比一般人具有更大的順應力及社交性。這種類型的女性最適合擔任美容師或整型師等美容相關的職業或服務業。若是男性朝實業家或政治家發展也不錯（圖22）。

## ●——無名指和小指根部有兩條直向的細紋

老實說醫生是這種手相的天職。不論是外科醫生或獸醫、婦產科醫師都可以成功。不知自己該朝那個方向發展時，不妨把醫科大學當做目標努力吧。

如果要轉職，最好取得資格從事醫療關係的工作或當按摩師、針灸師（圖23）。

## ●——智慧線的前端分叉三條以上

這種類型的人個性開朗又屬樂天派。基本上是什麼事都能做得好的多才多藝型。而且愛出風頭。非常喜歡在衆人前服務或受到大衆的注目，而這類工作最

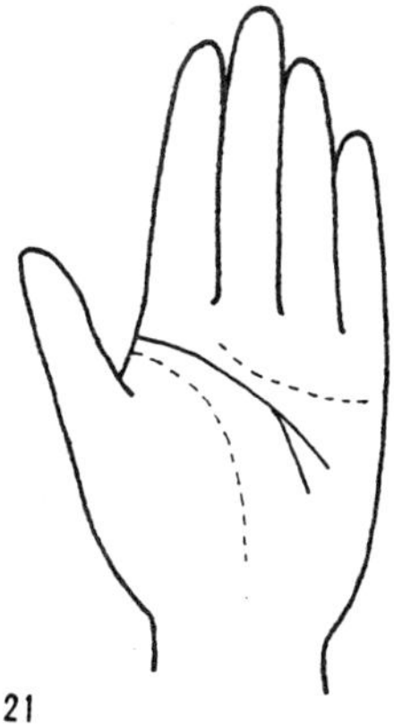

圖 21

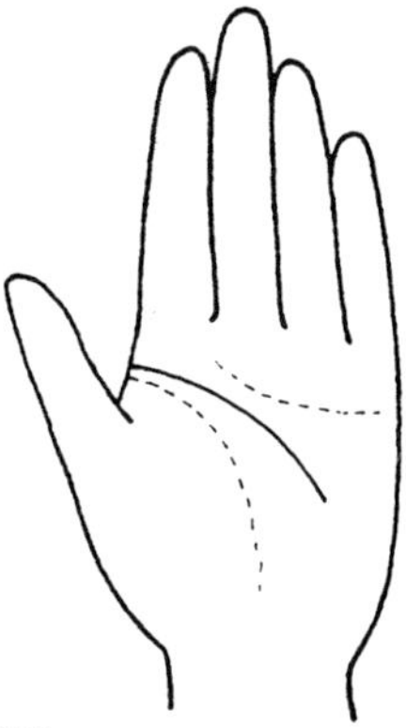

圖 22

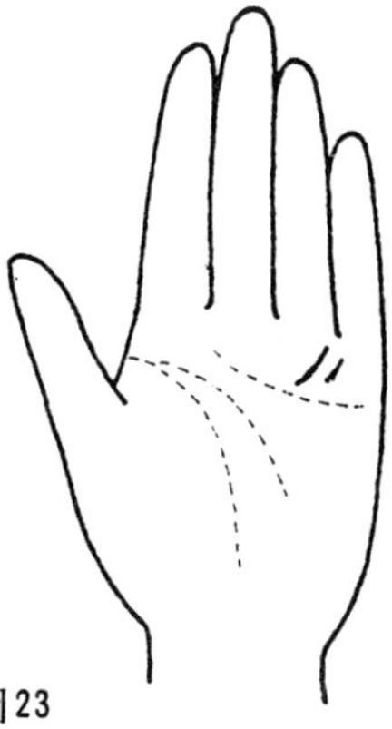

圖 23

適合你。所以，對於自己的個性具有自信的人，也可以向電視明星或女明星的銀色大道挑戰（圖24）。

## ●——智慧線從木星丘朝月丘延伸

具有出類拔萃的流行品味。而且，又具有責任感及統御能力。這種人最好從事高級服飾店或美容院的店長、老闆，充份地發揮實力。您所經營的商店一定是顧客盈門而昌盛（圖25）。

## ●——智慧線從生命線分叉而出

具有文學方面的才能，適合從事寫作、編輯、撰稿之外，當作家或詩人也能成功。如果在公司服務，也可以擁有好的職位（圖26）。

## ●——長的智慧線從生命線分叉而出

從事創造性的工作可以大爲活躍。如果是男性，適合當設計師或藝術家。女性則是

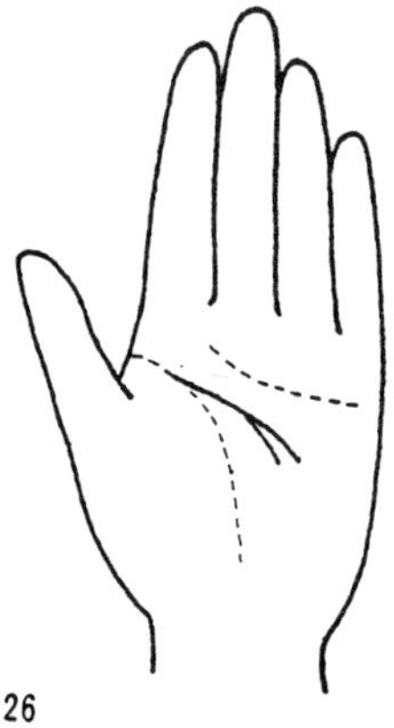

圖26

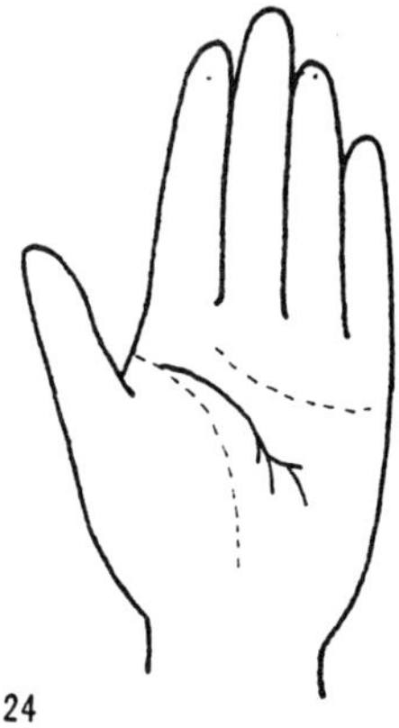

圖24

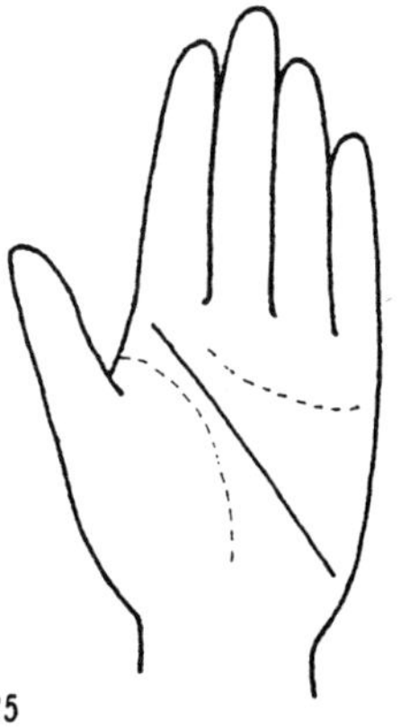

圖25

詩人或童話作家。不過，有點猜疑心，對於大機會不敢貿然抓住而在事後感到後悔（圖27）。

## ●─短的智慧線從生命線分叉而出

理論派又具有敏銳的觀察力，這種人最適合的職務是教師。在職場上人緣極佳又具有行動力，比常人更早出人頭地。容易親近又具有堅定的精神力，很適合從事替他人分勞解憂的心理顧問之類的工作（圖28）。

## ●─智慧線呈大波浪狀

智慧線大幅度起伏的人，身體健壯又精力充沛。非常喜歡活動身體，不論男女都非常適合擔任運動選手或教練的職務。也有許多人具備卓越的音樂素質，從事音樂家或歌手也能成功（圖29）。

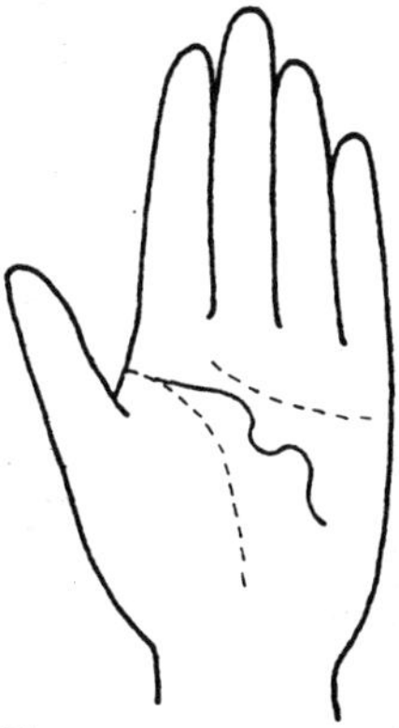

圖29

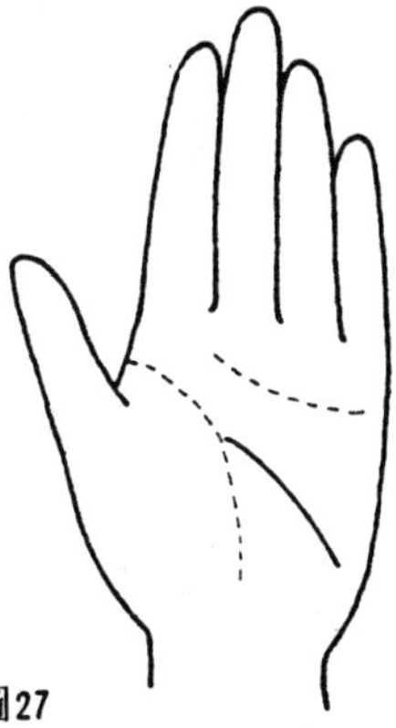

圖27

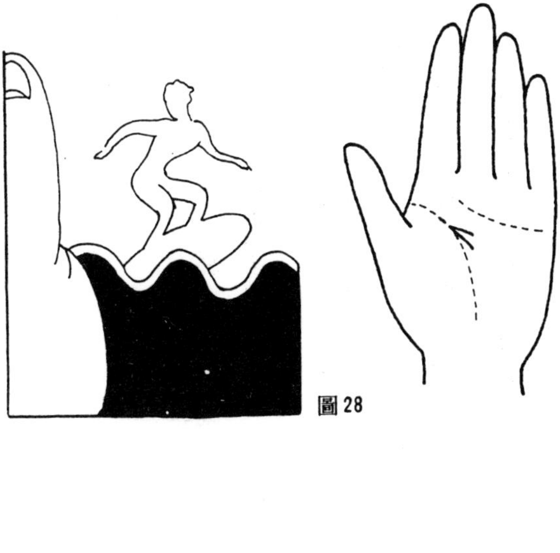

圖28

# 你有勝負運・賭博運嗎？

人要在社會上成功，所倚賴的乃是其實力或人品。不過，光靠這些並不夠。有些人平日並不太努力卻因賭博贏得巨富，而有人反而錯失眼前的良機，一世默默無名。

這乃是根據在緊要的勝負關頭是否有運勢的「勝負運」而決定。

那麼，我們就來占卜你的勝負運是強或弱吧！

最近連女性也有越來越多對賭博感興趣的人，我們也一併看看自己適不適合賭博。

## ●——生命線與智慧線的起點不同，智慧線和感情線呈筆直的平行線

這種人的運勢非常強。在賭博中最大的賭注常贏得巨金。不僅賭博，也適合擔任運

動選手……等霎那間的機會決定勝負的工作。但是，據說這種手相非常少（圖30）。

●——生命線呈大幅度的曲線延伸到手肘，從同一個起點出發的智慧線呈一條直線延伸到手掌的另一端

有這種手相的人爲數甚少。正因爲如此，具有一般人少見的勝負運。

不論是賭博或股票，憑敏銳的直覺猜中目標而獲得巨金。

同時，也可以在必須有準確狀況判斷而決勝負的空手道或柔道等武道的世界大爲活躍（圖31）。

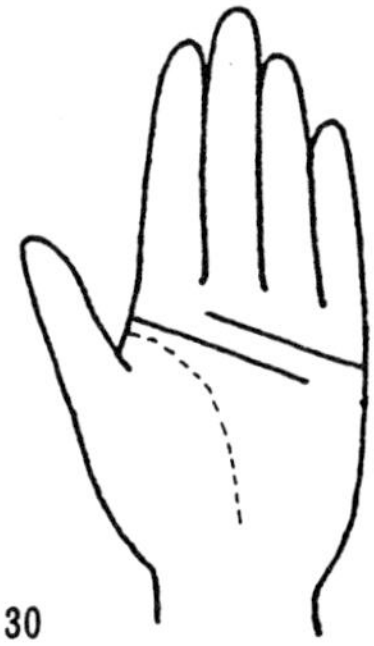
圖30

圖31

## ●——智慧線呈大幅曲線往下延伸直到手腕

智慧線伸展的越長，是表示直覺越靈敏、常有靈感閃現。

如果這條線長到手腕或在途中彎曲延伸到手腕中央，其直覺的敏銳幾乎令人懷疑是否具有通靈的能力。

有些人甚至具有占卜師、通靈者的神通。

即使沒有那樣的程度相當長的智慧線一般都表示極佳的獎券運。購買愛國獎券或參與猜謎遊戲一定會有令人欣喜的結果（圖32）。

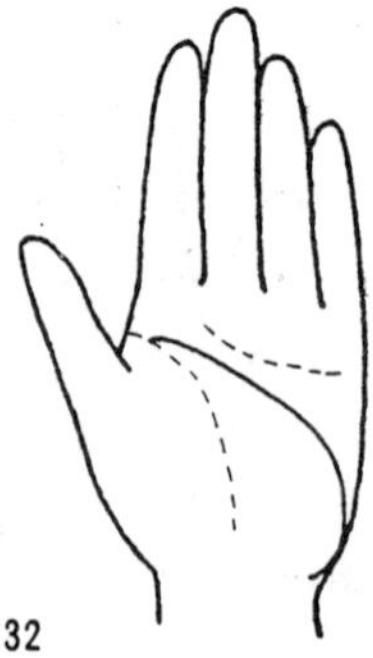

圖32

### ●——生命線、智慧線、感情線從同一個起點出發筆直地穿越手掌

這種人重視資料勝於自己的靈感。

以賽馬而言，會因爲自己喜歡的騎師或賽馬的名稱而根據情緒的理由下賭。

會以自己所收集的資料進行分析再決勝負。

這個方法也符合其性格應可成功（圖33）。

### ●——生命線、智慧線、感情線從同一個起點出發，而從智慧線感分岔出的線伸向感情線

這種人毫不相信所謂的運勢、靈感等形而上東西，只信服自己的經驗、過去的事實和有脈絡可循的事物。

是具有理論式思考模式的合理主義者。不會參與成功

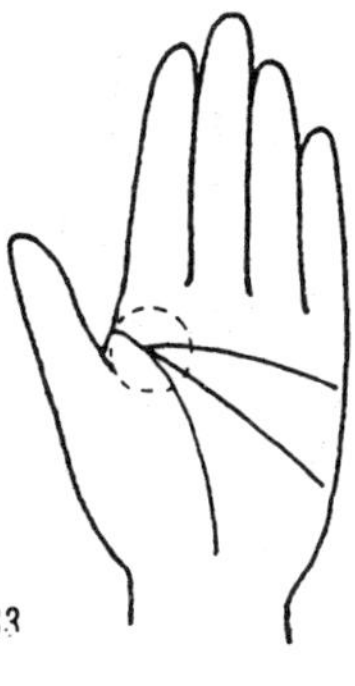

圖33

率低的賭注（圖34）。

## ●——兩條智慧線從生命線的起點分叉而出，感情線在中途斷裂

這種手相和同一類型的有兩條感情線的手相都非常稀奇，同樣表示強烈的勝負運。尤其是一對一的勝負賽或賭博有令人訝異的強運。

在工作面上在商談或交涉、談判能發揮特有的運勢。靈活運用談判技巧使自己的要求獲得對方答應讓勁敵刮目相看（圖35）。

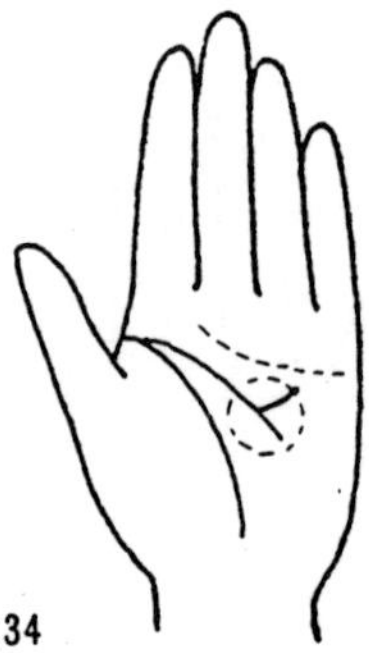

圖34

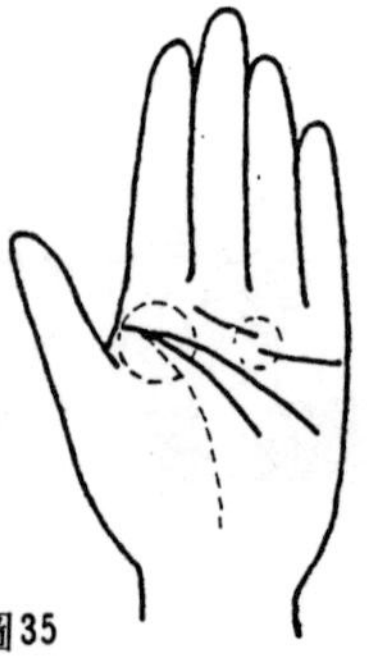

圖35

## ●——食指下方出現星紋

這是表示目前這個人相當走運。以往參加有獎活動或前往試鏡、試片而失敗的人，目前正是機會。

即使覺得有點牽強也應勇敢一試。因爲，當選、錄取的可能性相當高。

星紋如果位於無名指也是勝負、獎券運好轉的記號，然而持久性不如食指位置的星紋（圖36）。

## ●——太陽線上出現島紋

老實說不論勝負運或賭博運都不堪一提。這種手相遑論參與勝負決賽或從賭博上撈一筆，職場上的交涉往來或有關金錢的問題都應愼重而小心。因爲，其中有意想不到的陷阱。

圖36

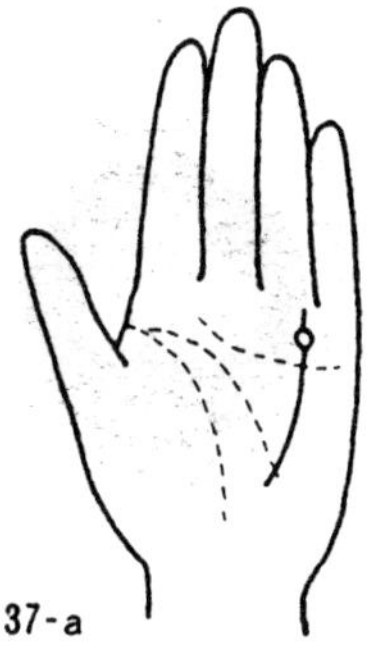

圖37-a

如果這種人參與賭博會一敗塗地。然而爲了扳回一成而無法戒賭，一旦賭博的資金用光會向高利貸求援，結果弄得無法償還的困境。恐怕會造成家人或朋友的麻煩（圖37—a）。

## ●——太陽線上有島紋而中指下方出現土星環

如前所述太陽線上出現島紋並沒有勝負運，再加上中指下的土星環運勢更爲惡劣。

土星環是指出現在中指下的半月形細紋。出現這個細紋時，常會因賭博矇騙上當或捲入犯罪的糾紛。不僅自己，連與自己相關的人也受到連累。結果信用掃地又有金錢籌措上的困難，恐怕因而身敗名裂。在島紋和土星環未消失之前最好不要賭博（圖37—b）。

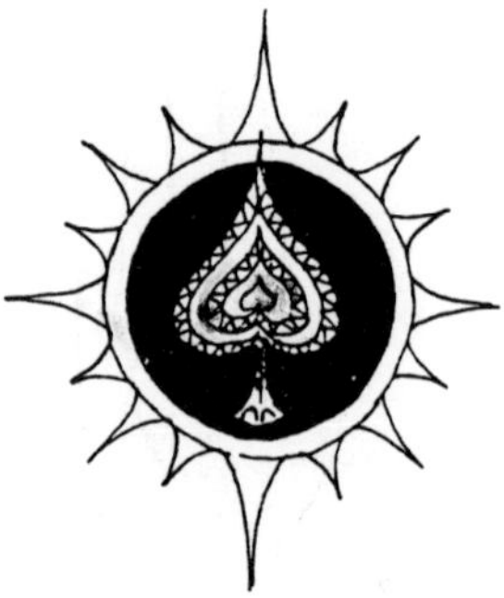

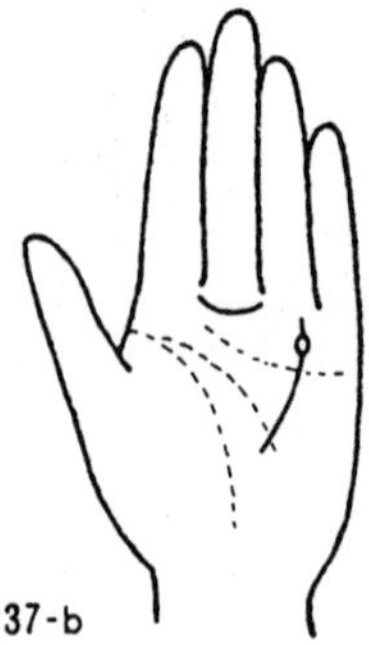

圖37-b

## ●智慧線偏離生命線的起點從拇指的指根附近呈大幅度的彎曲

喜歡穿鑿附會或相信所謂禁忌的類型。這種人在決定某種重要的事情或參與勝負時，往往會攜帶護身符或幸運物品甚至占卜。

藉由這些方式放鬆自己而使運勢上升。迷信有時也有其助人的功用。不過，過於執迷也會產生反效果（圖38）。

## ●智慧線有兩條從不同的起點而出

一條是和生命線同一個起點的短線，另一條是從食指指根附近伸展出來的長線。有這兩條頭腦線的人在人生中有數次大機會來臨，而每次都能善加利用博

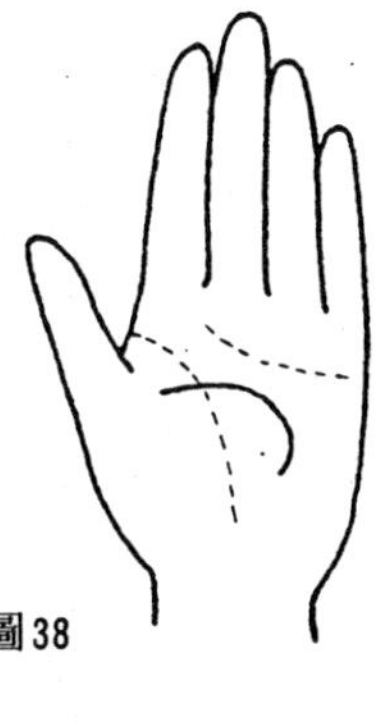

圖38

得財產與聲譽。

不過，雖然在商業關係上的勝負運極強，而賭博方面則不堪一提，最好還是不要賭博，免得傾家蕩產（圖39）。

## ●——智慧線彎延呈蛇形

多半是性格恬淡的人，相對地直覺顯得遲鈍，不擅長猜測他人的心意。對狀況判斷也不拿手，因此，對這種人而言，不論是商業活動或賭博中的大賭注毫無利益可得，而且，極有可能被吊凱子，這點要特別注意！

不要想利用霎那的機會一舉成功，不妨腳踏實地的生活吧（圖40）。

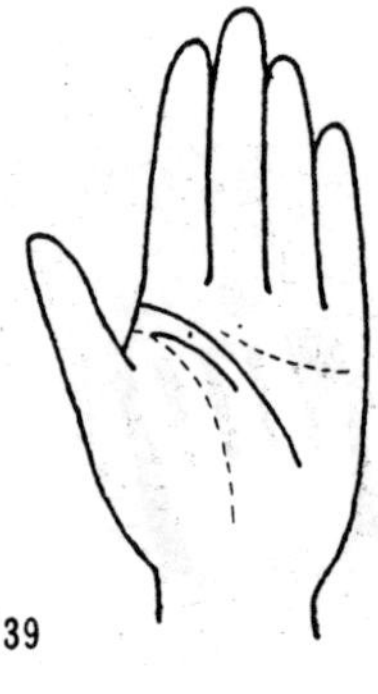

圖39

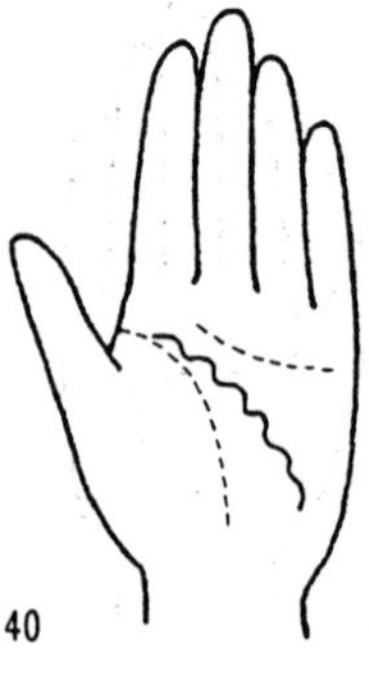

圖40

## ●——智慧線前端分叉為二，其中一條往上彎曲

勝負運、財運一手在握的就是這種手相。不論所從事的是何種行業，天生具有賺錢的本能，不但正業做得好（若是自營業則生意興隆。上班族、ＯＬ則業績良好）賭博的手腕也有一套。

即使把收入投入賭博也能賺大錢，眞是令人欽羨的才能（？）（圖41）。

## ●——生命線的途中分叉出細紋彎延直到月丘

缺乏執著心，對任何事物立即放棄的性格，不論工作或賭博都不適合。

對某事感興趣即探頭一試，然而立即厭倦又把注

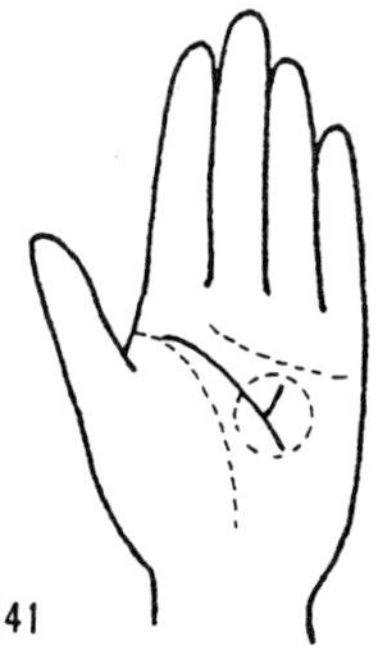

圖41

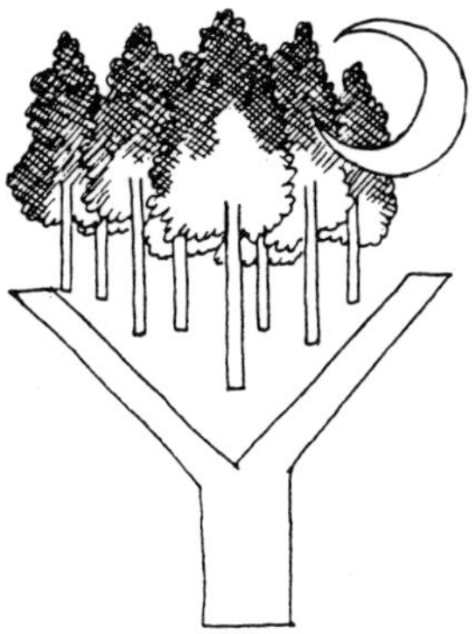

意力朝向其他的工作或賭博上，這種行徑怎麼可能從生活中學習到一些智慧或才能。最重要的條件乃是養成對事物有確實的看法與忍耐力（圖42）。

●——在生命線起點附近有長度相等的三條短線朝食指方向伸出

　這種手相的人是心情起伏不定的人。

勝負決賽或賭博，從某個角度而言必須有相當的集中力，因而不適合精神散漫的人。

　這種人如果不確實估計一下事物的損得利益，往往會浪費時間與金錢（圖43）。

●——食指下的木星丘上有一條與其他線紋毫不相干的彎曲短線

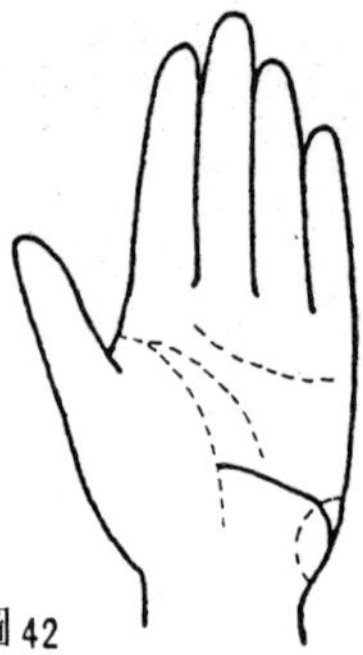

圖42

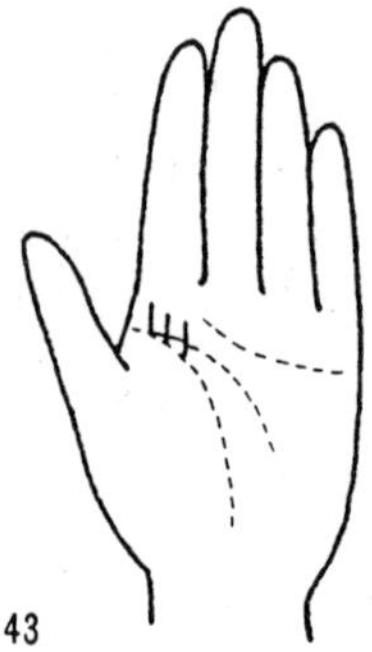

圖43

這種手相是年齡到某個程度之後勝負運會好轉的跡象。不論是商業活動或賭博都一樣。所以，二十幾歲的青年期碰到不如意絕不要灰心。中年以後運勢必會敞開。

而對於霎那間決輸贏的勝負賽較不適合，不過，對於必須耗費時間比賽耐力的事情，只要有堅定不移的執著力與體力，必可慢慢地處於優勢（圖44）。

## ●——命運線從中指偏向無名指的位置筆直延伸到金星環

有一點特殊的運勢。這種手相的勝負運會因身邊的異性而上升。譬如，和女友一起賭賽馬會中頭彩或和異性的上司或部屬前去商談時，較容易使事情圓滿達成協議（圖45）。

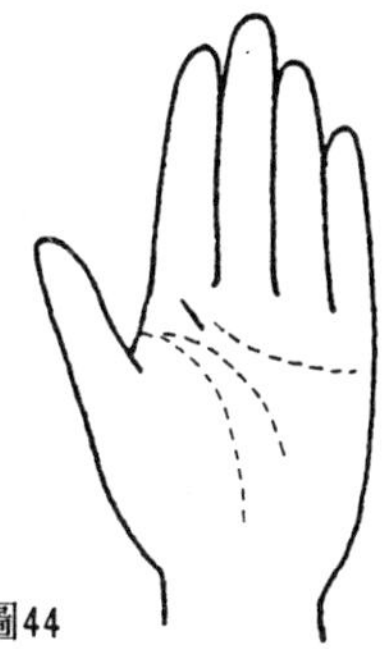
圖44

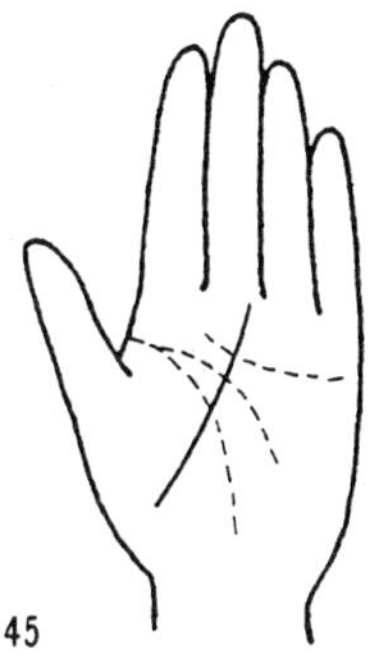
圖45

### ●——生命線下端和命運線重疊，而命運型呈弓型彎曲到中指

這種手相的人並非對賭博有興趣而成爲嗜好，似乎多半是因必須獨立，爲了獲得獨立資金的手段。

在這種狀況下所鍛鍊出來的勝負運，其直覺會發揮在生意的商談上而獲得財產與地位（圖46）。

### ●——命運線被往下彎的智慧線遮斷

當事者似乎認爲本身具有賭博的才能與勝負運，而這是極大的誤解。

做任何事都缺乏遠見，常有輕率的舉止，因而失敗連連，浪費了許多錢財（圖47）。

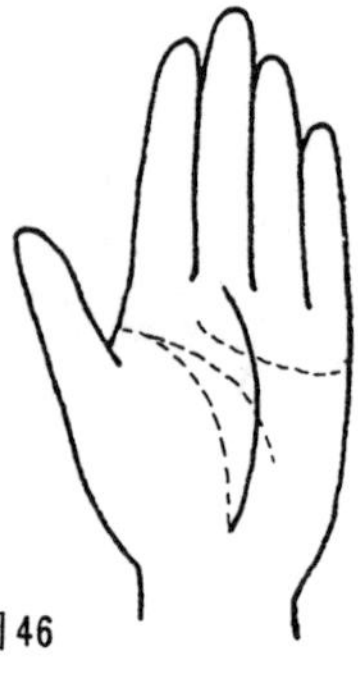

圖46

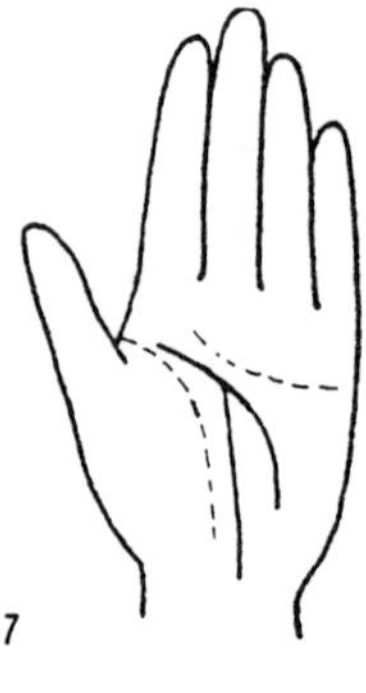

圖47

## ●——從月丘彎延的命運線被感情線攔阻

感情脆弱，總是爲對方著想的心地善良的人。面對處於困境的人，即使自己蒙受損失也會承擔對方所請託的事或工作。

所以，當事者並無意浪費，然而生活上並不輕鬆。不過，有許多朋友會讚賞你的人品（圖48）。

## ●——水星丘上有一條短的彎曲直紋

這是表示勝負運和工作運走下坡。在這個時期決定重大的事情或爲了賺大錢賭注巨金，幾乎都會失敗（圖49）。

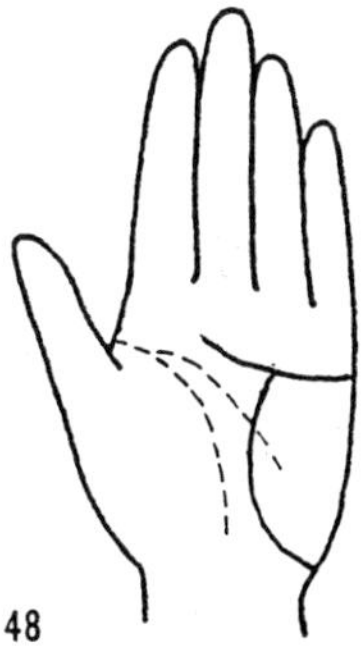

圖48

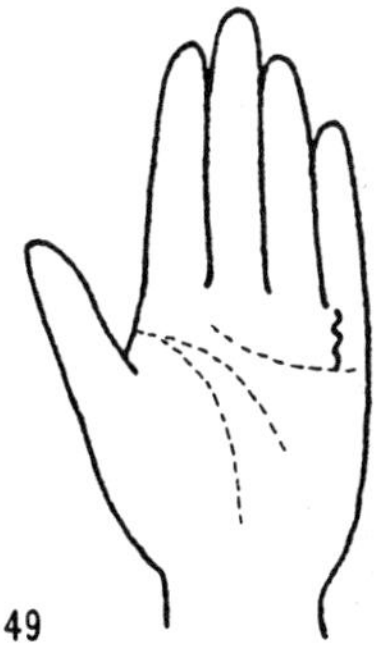

圖49

# 從手相瞭解眞正的朋友

所謂患難見眞情，朋友乃是貴在彼此的相助相愛。但有時會被自以爲是親暱知己的人背叛或利用，感到悲傷不已……。如果你對目前所交往的朋友有所疑慮，不妨觀察一下對方的手相。從中必可發現平常舉止行爲中所隱藏的部份。

## 檢查重點1／感情線

感情線除了表示個人的性格或觀念，也表示對朋友的體貼心。我們根據從感情線分叉出的支線來診斷對方是如何看待自己。

### ●——支線朝感情線的下方延伸

對任何人態度和善的八面玲瓏型。心地好碰到處於困境的人會主動地伸出援手，也因爲如此，絕不會惹來他人的反感。不過，很容易受他人意見的左右，當你被中傷或孤立時是否有人伸出援手倒是個問題。（圖50）。

## ●——支線從感情線的上方延伸而出

這種人對於所謂的友情並不覺得有太大的重要性或必要性。與其和他人分享喜悅，毋寧自己做自幾喜歡的事情來得逍遙。如果你努力想和這種人培養友情，多半會落空（圖51）。

## ●——支線出現在感情線上下方

這種人是精打細算型。這種人所選擇的朋友全是對自己有利的人。只要覺得對方失去價值，即不顧以往的情面。不論你爲這樣的人付出多少心力，在你陷入困境時大概也不會獲得援助（圖52）。

## ——感情線的前端分叉爲三

有這種感情線的人相當體貼。但是，並非對任何人都體貼、親切。只對志氣相投的朋友。對待知己會盡其所能給予援助。有這樣的朋友可說是人生最大的財富。你也應該努力地使對方對你產生信賴感（圖53）。

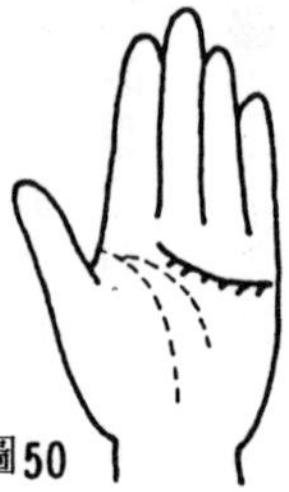
圖50

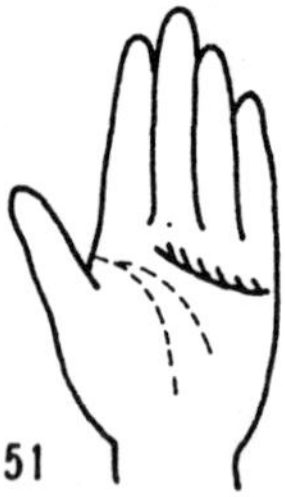
圖51

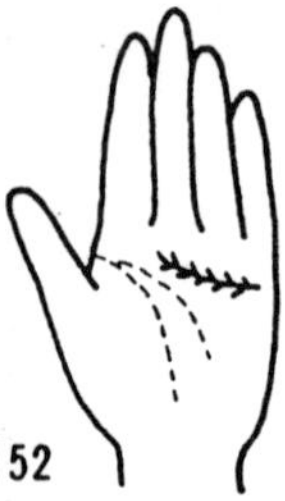
圖52

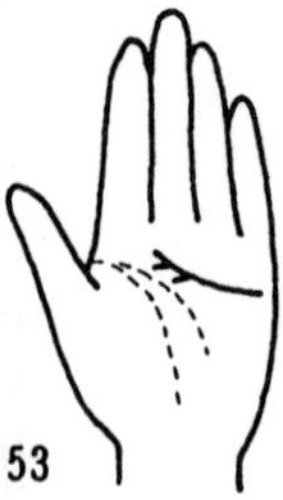
圖53

**檢查重點2／命運線**

暗示今後你的人際關係是否圓滑及該如何發展的是命運線。根據命運線彎曲的方向來占卜你的交友關係吧。

●——命運線朝月丘彎曲

朝月丘（手掌小指側的隆起部份）彎曲的命運線表示這種手相者是衆人歡迎的偶像人物。自己不必刻意表現也會贏得旁人的喜愛。

即使有實力，往往被認爲是輕率的人，在工作上或重要的企劃上並不受重視（圖54）。

●——命運線朝小指彎曲

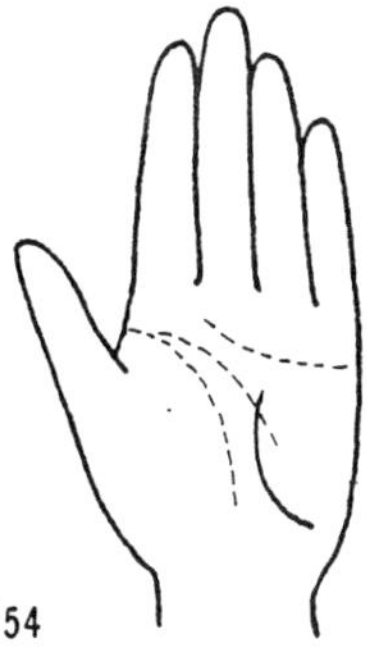

圖54

這種人也極有人緣。不過，並非偶像型的人緣，而是魅力的人緣。這種人所具有的神奇力量和個性受到某特定人的支持，但絕對不可因而自我陶醉。

相反地，言行舉動受到誤解或厭惡的情況也不少。和匹配性好的人合得來，和匹配性不好的人，則有如犬猿之交（圖55）。

## ●——命運線筆直伸展

這是多數人常見的手相，暗示一般常見的友情關係。

換言之，對朋友所做的事會有所期待，是屬於GIVE．AND．TAKE的朋友關係。

這是女性間的友情常見的現象，當自己交了男朋友後往往會以和男友的約會爲優先，對同性友人的約會爽

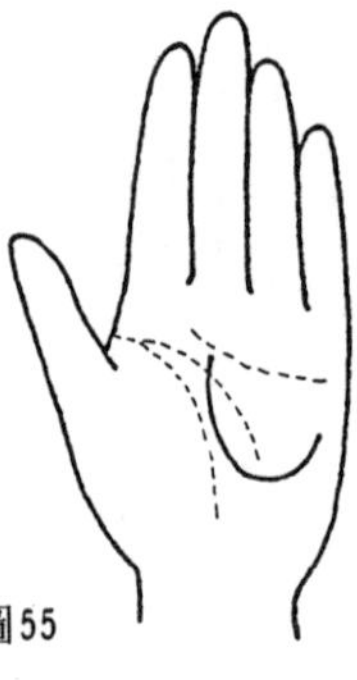

圖55

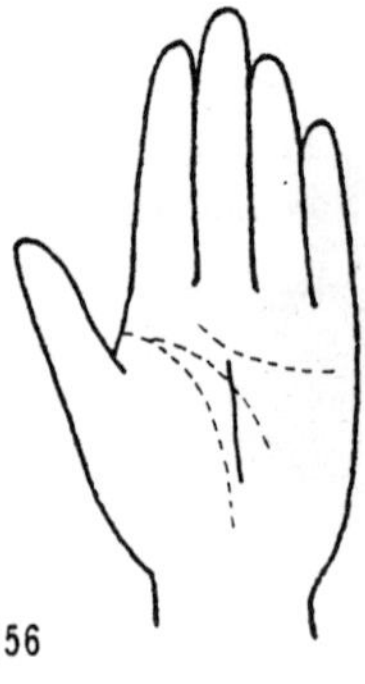

圖56

約（圖56）。

## ●——命運線和生命線重疊

內向而難和他人打成一片的，就是這種手相的人。重疊的部份越長，這種傾向越強。如果沒有自覺這個缺點而積極地與人交往，不論在學校或職場，往往因溝通不足而受誤解或孤立，對自己而言是極大的損失。

不要變得頑固不冥，應讓自己的舉止行動帶有協調性（圖57）。

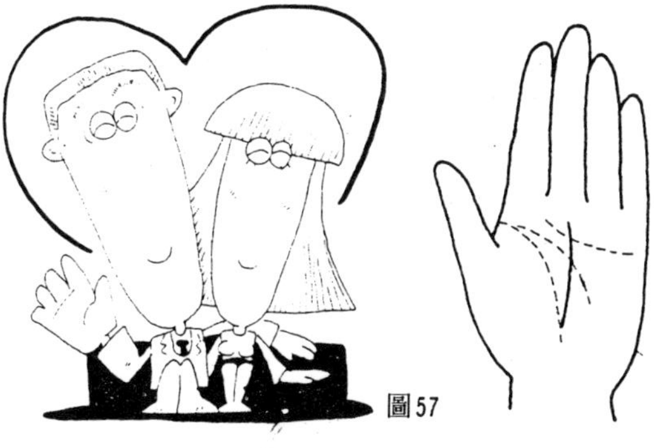

圖57

# 看手的特徵揣測職業

懂得觀手相的要領後往往渴望能占卜他人的手相。而看過多數人的手相後，也會漸漸地瞭解何種職業的人的手具有什麼樣的特徵。任何工作都是用手來操作，手自然會受到工作的影響。

## ●——拇指長硬塊的人

保齡球選手常見這個特徵。

因爲，保齡球選手在投球時往往把力道集中在拇指。甚至有人拇指的指甲破裂（圖58）。

## ●——拇指和食指指根長硬塊的人

圖58

現。

用手握某種特殊的木棒工作時就會有這種特徵出現。

這是使用燙斗在洗衣店服務的人或水泥匠的手相（圖59）。

## ●——中指長有硬塊的人

從事桌上作業者的人常見這種特徵。

面對辦公桌的職業中以小說家或劇作家等寫作的人尤爲顯著。中指在碰觸筆的部份會長出硬塊。

不過，最近有越來越多沒有長筆繭的作家。那是因爲電腦、文字處理機普遍的結果（圖60）。

## ●——所有的手指指根長硬塊的人

緊緊握住道具工作的人。工作的型態非常廣泛，

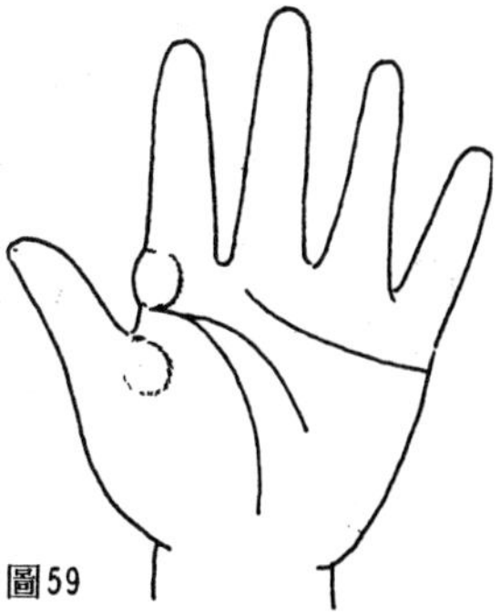
圖59

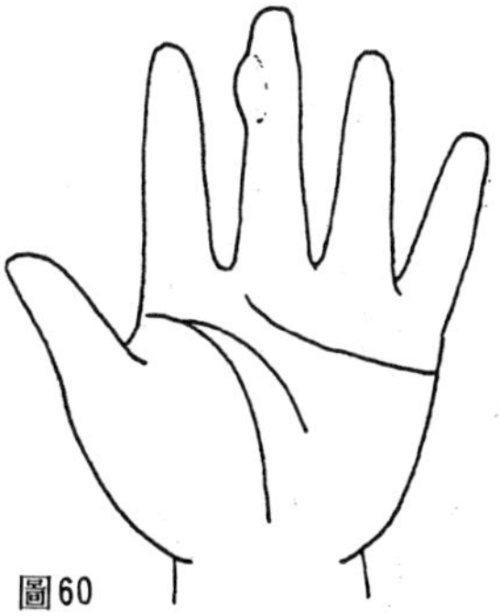
圖60

在農場或建築工地工作者或棒球選手，都有這類的特徵（圖61）。

## ●——指頭大而前端柔軟的人

在指尖用力按壓並反覆這個動作時，手指會產生這樣的變化。

按摩師、指壓師或脊椎指壓師等從事整容、整體關係工作的人會出現這種特徵（圖62）。

## ●——小指變形的人

在工作上鮮少使用小指。因此，小指變形的人極少。

唯獨彎曲小指操作剪刀的美容師、理容師才有這

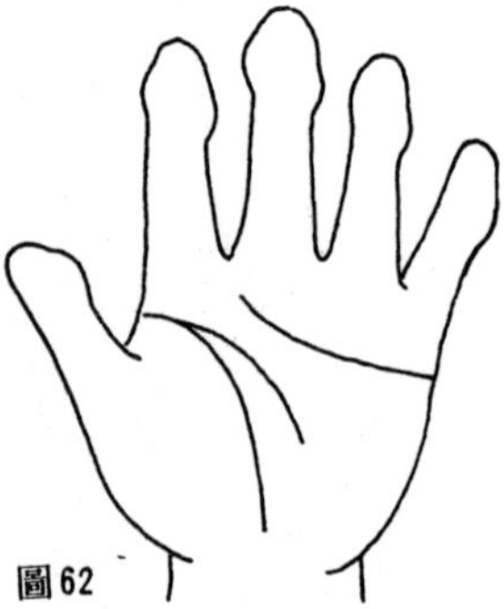

圖62

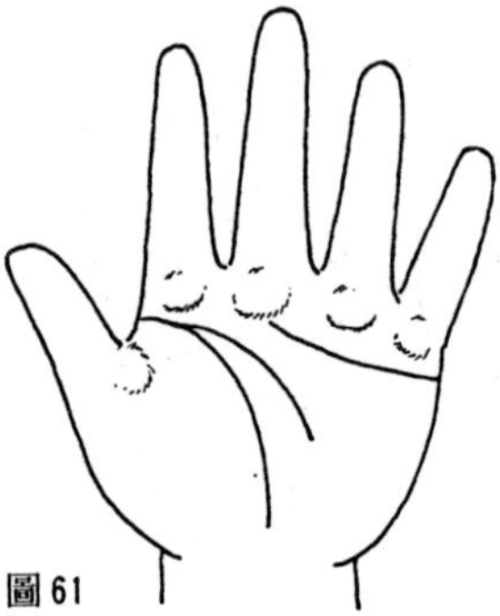

圖61

種特徵（圖63）。

●——手大指長、指關節凸出的人

音樂家常見的手型。操作樂器的人手多半較大，也許是每天練習的結果，手、指頭都顯得細瘦。演奏弦樂器的人按弦的指尖會變扁平（圖64）。

●——手指粗短、手厚

用體力勞動者常見的手相。工作上需要力氣而使手皮變厚。

因此有不少人指甲斷缺或變形（圖65）。

●——手掌泛白、掌上紋路淺而薄

經常用手泡水的人，手顯見地白。而且常用水的

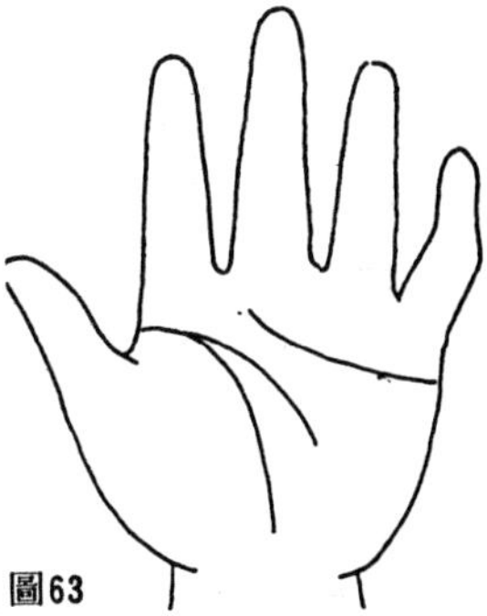

圖63

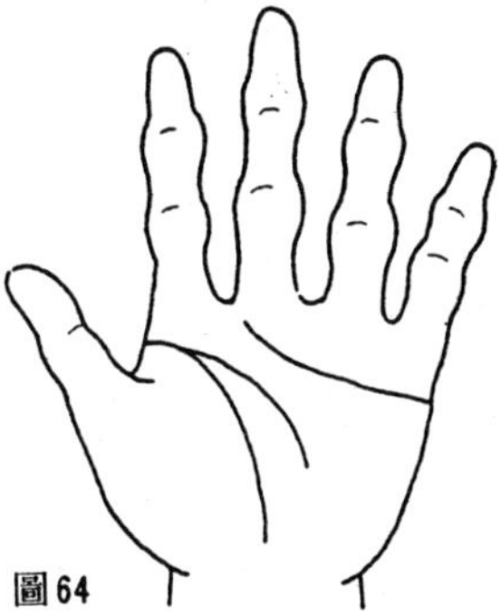

圖64

手掌上的紋路一般會變得較薄。

從事與水有緣的工作諸如餐飲業或咖啡店的經理常見這種手形（圖66）。

此外，指甲變形、溶化的人可能是平常處理藥品的藥劑師或研究員。化學工廠的員工。

也有可能是經常使用燙髮液的美容師，或從事染色相關工作的人。

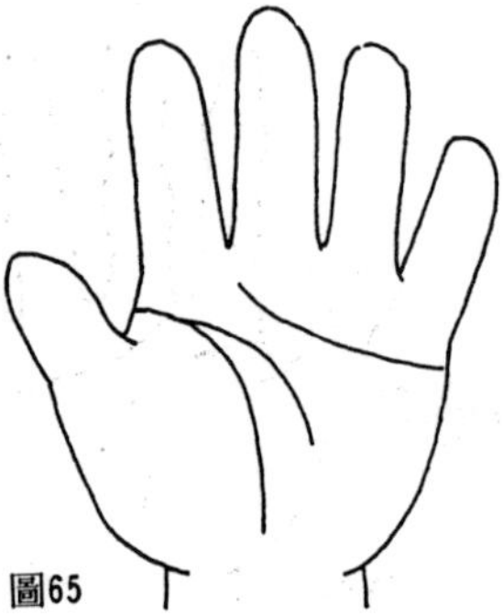
圖65

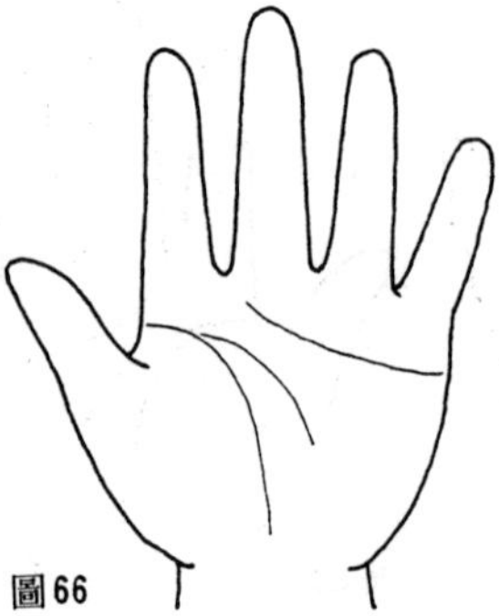
圖66

# 手相指南

## 手相是活的……手相指南①

是否有人以爲手相從出生後就不會再改變？其實這樣的觀念是大錯特錯。剛出生的嬰兒和嬰兒長大到上小學，以及接受成年禮的二十歲左右，手相在各個時期互不相同。

原先淺薄的線紋變清晰或短線變長、斷裂的線銜接在一起等等。不可思議的是，手相多半是受個人所處的環境或精神狀態而左右。

隨時改變的手相占卜和認定命運從誕生之後即不改變的星占術或血型占卜不同，在衆多的占卜術中是相當獨特的存在。

正因爲手相會改變，因而不必爲目前的手相不好而感到悲觀。只要生活習慣改變或藉著努力或精神面的成長，即可使手相產生變化而使運勢好轉。

所以，手相並非只看一次而決定全局。我認爲

應該隨時檢視其中的變化並做下記錄。然後把它當成自己本身的成長記錄與建議。

## 使凶運的手相轉好方法……手相指南②……

如果自己的手相出現凶運，心裡多少會承受打擊吧。其實一點也不必氣餒。誠如本書冒頭所言，手相是活的。根據你的生活方式極有可能轉好或變壞。不過，我相信幾乎所有的人都認爲：光是等待要到什麼時候？有沒有儘早能改運的方法？

在此就針對這些想儘早改運的人提供使運勢上昇的方法。當然，不可忘記除了遵循下列的方法之外，還必須努力過著積極前進的生活。

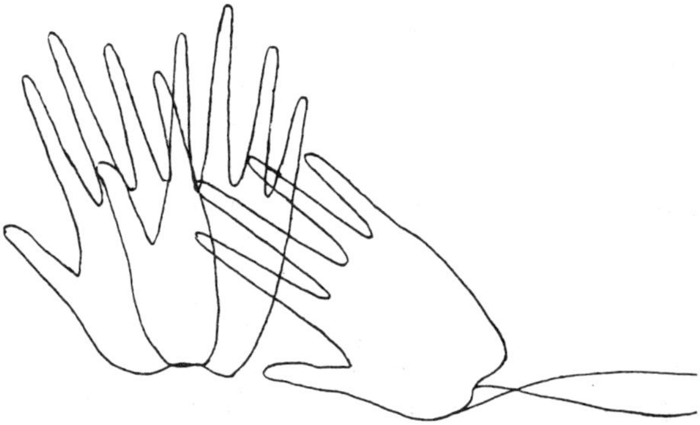

1——利用食物提高運勢！

也許有人覺得懷疑，其實改變飲食生活的確可以使手相轉好。日本江戶時代的觀相學者水野南北甚至說：「運乃食。」

那麼，該如何改變飲食生活呢？首先要調查自己的手相中那條線紋的運勢不佳。然後看這條線和那根指頭有密切關連。只要擺動指頭就可以明白隨著指頭牽動的各個線紋並不相同。

附帶一提的是，若要使和拇指、食指關係密切的線紋清晰可見，可食用肉品、乳酪、奶油等。而要使與小指、無名指關係密切的線紋提高運勢，則盡量攝取海藻或小魚、蒟蒻等。

2——利用指頭運動提高運勢！

手上的紋路和指頭或手掌的動作有密切關係。

擺動拇指時會牽動生命線，而擺動食指會帶動智慧線，同樣地擺動小指或無名指會使感情線活現出來，至於擺動拇指和小指內側會使命運線變得清晰。所以，藉由運動手和指頭當然可以使手相更爲清晰而運勢轉好。以下所介紹的兩個運動對改善自己的手相極具效果。

①將左右五根手指併靠在一起。然後左右手互相擠壓。

②用一隻手抓住另一隻手的手腕。然後往抓住的手的指尖方向用力拉。每天反覆數回。

## 3——利用鏡子效果提高運勢！

手掌上的線紋根據個人的生活方式及心態變化有極大的改變。如果你碰到不愉快的事情，能夠以平常心處之倒無所謂，若是心浮氣躁或悶悶不樂時，手掌上會出現許多細小的線紋。這多半會造成運勢上的負面影響。

換言之，以輕鬆的心情面對一切、積極的態度、樂天的想法乃是使手相變好的捷徑。

控制自己心緒的方法中利用鏡子的『鏡子開運法』極具效果。一日一回面對鏡子以平靜的心情注視鏡中的自己，再展顏微笑。這是一種暗示法，藉著每天持之以恆可以使心緒變得平靜。同時，運勢也會上昇，周遭的人對你的印象會大爲轉好，可謂一箭雙鵰的訓練法。

## 戀愛的手相……………………手相指南 3

### 與戀愛無緣的你出現情人

### ①婚姻線的旁邊出現紅星（星）

在結婚線的上或下是否出現一個小小的紅星？這個星是表示近期內會出現情人。不論是不在意情人有無或一直渴望有情人的人必會有情人出現。爲了不久將來的這個日子不妨身心先做好準備？

②美麗清楚的人緣線（從月丘彎延出的命運線）或智慧線上出現希望線

有這種線紋的人不久將會和情人邂逅。而由朋友介紹適當的佳偶的機率極高。渴望有男朋友的人，如果把內心事告知朋友則機會倍增。

符合①、②條件的人也許早已經有異性朋友而每天過著愉快的日子。

## 經常單相思的人的手相

### ■感情線出現在比一般高的位置而尾端下垂

這是表示愛躲進象牙塔內的性格。即使喜歡上某人也不敢大方地與之接近，在對方眼中並非老實

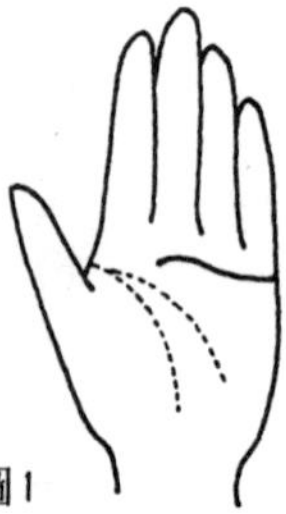

圖1

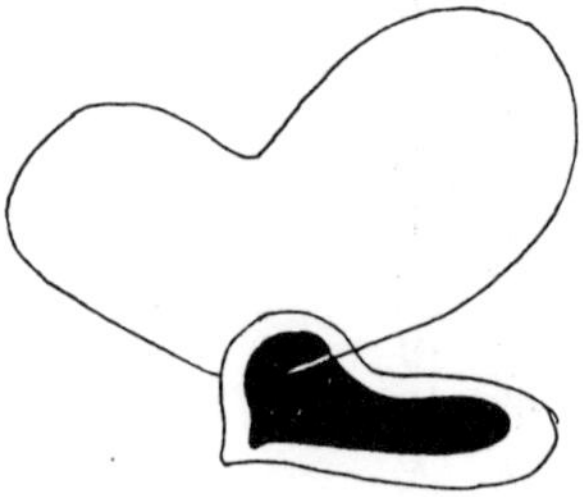

，而是陰沉、難以交往的印象。追求不成根本也無損失，如果反過來以開朗、積極的態度去追求，應該會有出乎你意外的佳音（圖1）。

## ■智慧線較短與生命線平行而下垂

如何讓喜歡的對象把心轉向自己乃是一種戀愛的刺激，這種手相的人並不擅長運作「情人爭奪戰」。在磨磨蹭蹭的時候恐怕被別人捷足先登。如果自己覺得能力不夠，不妨向朋友求援（圖2）。

## ■手掌上有許多細紋

除了戀愛之外碰到挫折總會感到悶悶不樂的人。在這類狀況下總會自暴自棄，認爲自己比不上他人。這種心態根本無法交異性朋友。必須對自己帶

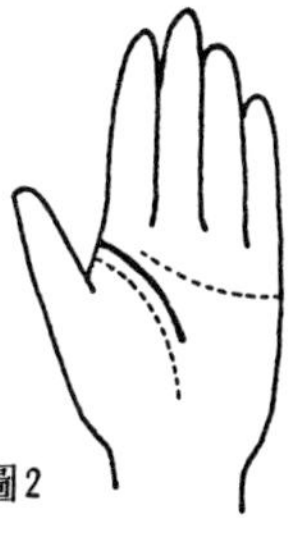

圖2

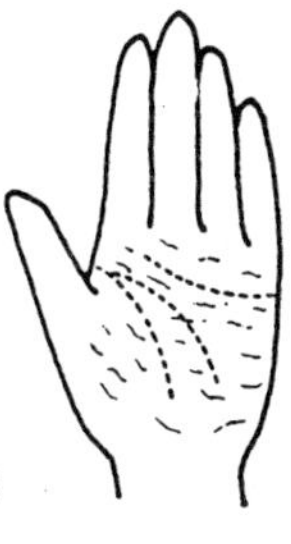

圖3

著更大的信心。如果專心投入於某件事使自己散發出一股熱誠的光芒，人緣自然提高，而你喜歡的人也一定會對你產生注意（圖3）。

## 獻給渴望在演藝界發展的你……手相指南④

我相信有不少人對繁華耀眼的演藝圈帶著憧憬，渴望成爲歌手或明星、演員。如果是其他的職業，只要努力也許就能獲得渴望從事的工作。

但是，影視明星並非光靠努力即可獲得的頭銜。個人所具備的吸引他人的外表或個性也極爲重要。

而同樣重要的是個人的運勢。根據手相可以瞭解你是否具有影視明星所必要的人緣運。人緣運是根據從手掌上的月丘伸展而出的命運線「人緣線」來觀察。人緣線清晰而呈曲線的人可博得人緣，天生具備如何在組織或團體中與人相處的能力。

深受大衆喜歡的性格又懂得掌握他人的心緒，讓自己更得人緣。目前活躍的影視明星當然以這種手相居多。即使無意踏入演藝圈，您的手掌上是否有在學校或職場、社團活動中使你成為眾人矚目的偶像的人緣線呢？

## 根據手相調查國外旅行的機會……手相指南⑤

近期內預定到國外旅行的人或想出國留學，卻感到有些不安的人，不妨看自己的手相。

從中可以預測在國外可能發生的事情。而最重要的是先檢查手掌上的旅行線。所謂旅行線是從生命線分叉而出的細紋。一般而言，旅行線較長是意味國外旅行，較短的人則表示到近處的旅行。若出現數條旅行線的人是表示住處經常變更。

### ■一定可以享受愉快旅行的手相

旅行線從生命線清楚地分叉而出且長的人，是暗示不論在國外或國內旅行都能留下美好的回憶。不僅旅行愉快，你將獲得對將來極有助益的美好經驗（圖4）。

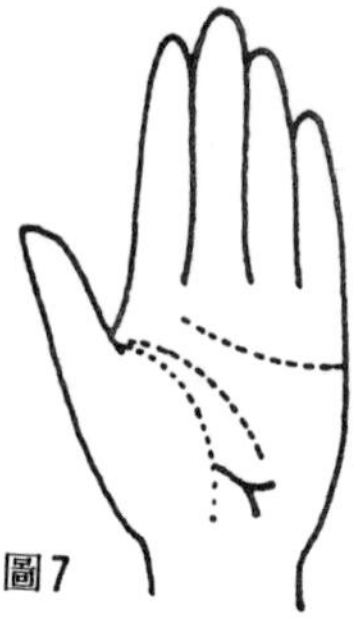
圖7

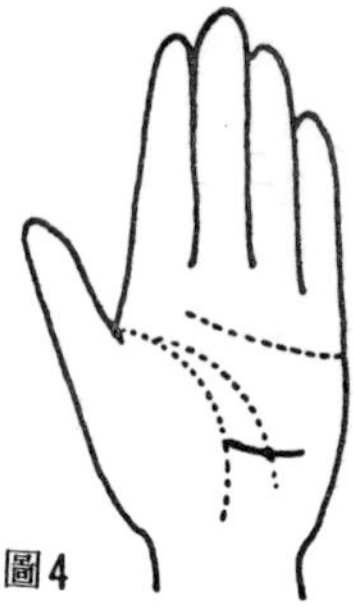
圖4

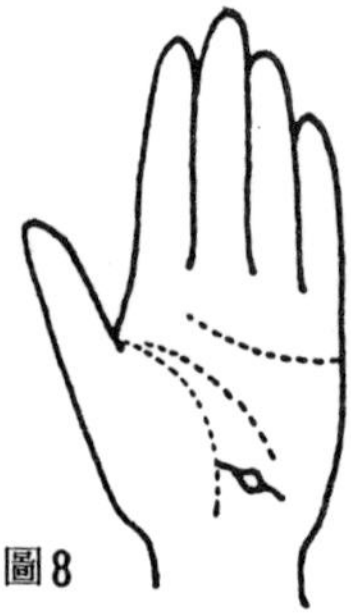
圖8

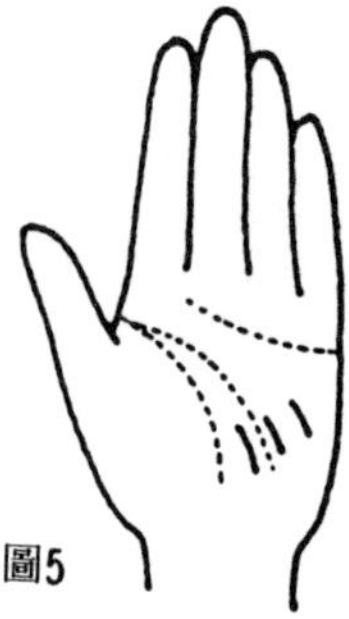
圖5

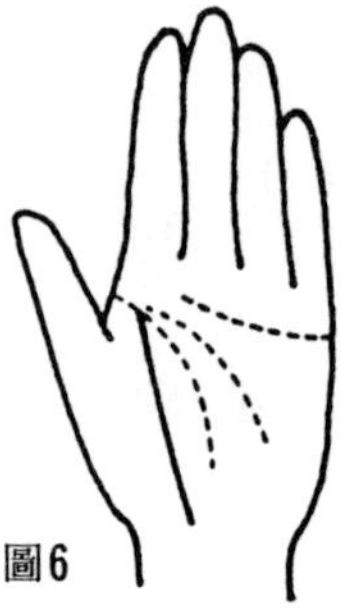
圖6

## ■在旅遊地可能有令人愉快的邂逅的手相

月丘上出現變形的旅行線的你，非常幸運。這種手相的人在未來的旅遊地，可能和改變命運的特殊人物邂逅或找到稀世珍寶。尤其是國外旅行時這種傾向特別強，如果有機會務必到國外一行（圖5）。

## ■對計劃國外旅行的人是幸運的暗示

從手腕開始到達木星丘的變型旅行線。這對近期內計劃國外旅行或長期旅行（尤其是研修旅行或文化之旅）的人是個佳音。

所應學習或經驗的事情雖然有許多，然而回國後都能一一應驗而有成果。請善加運用所給予的機會過充實的日子吧。留學或旅遊地的成果，將使你回到國內後獲得更大的評價（圖6）。

## ■在旅遊地可能有極大的危險—要注意的手相

如果旅行線的前端分叉爲二，要特別注意！這是暗示在旅遊地可能發生的意外或遭遇危險的機率極高。

在旅遊地做戶外運動時要先確認安全。雖然夜晚的繁華街也是觀光地，然而國外畢竟和國內的民情大不相同，應特別留意。若渴望有一段愉快的旅行則不要過於得意忘形或追求過度的刺激（圖7）。

## ■在旅遊地可能產生糾紛的預感

旅行線的途中出現島紋的人也要注意被捲入糾紛中。即使不致於發生意外，也可能有在旅遊地遺失物品、迷路、因語言難以溝通而不知所措等等，可能有這類小麻煩。自己可以防範於未然的糾紛，事先給予避免可以說是賢明而安全的旅行秘訣（圖8）。

## 多情人手掌上浮現的金星環……手相指南6

所謂金星環是從食指和中指間朝無名指和小指間呈圓弧狀的細紋。有這種金星環的人並不太多。即使有這種線紋，多半也是斷斷續續或只出現一部份。

金星環在英語稱爲「The Girdle Of Venus」。維納斯是羅馬神話中代表美和愛的女神，她的秘密武器是一條令對方神魂顚倒的愛情帶。根據有這條線紋者共通的性格，聯想到「戀情之帶」而得名。

手相上有金星環的人是表示「所有的感覺極爲敏銳」。以性的層面而言，是指性感敏銳，因而具有好色的性格。

不過，這條線紋多半是出現在手掌上表示精神面的場所，因而和一般的風流者不可一概而論。

金星環深而清晰又無裂痕時，是表示感受性豐富又具有卓越美感的手相。這是影視明星或藝術家所渴望的線紋。事實上影視明星常有這樣的手相。

有些人這條線過長或有斷痕，甚至出現雙層或三層，這是暗示感覺的變態。這種線紋常出現在吃迷幻藥、興奮劑而中毒者或嗜酒者的手上。感情上已失去了應有的平衡。

從另一個角度來看，姑且不論是否呈現在表面上，總而言之性能力過強。而性的慾求不滿就出現在這條線上。

另外，還有和金星環類似的危險紋路。

①的線紋是表示對異性體貼而懂得如何控制自己的感情。和前述的金星環的意思完全相反，請特別留意。

②的線是隱藏有花花公子素質的人。據說會因玩得過火而身敗名裂。

金星環

和金星環類似的線紋

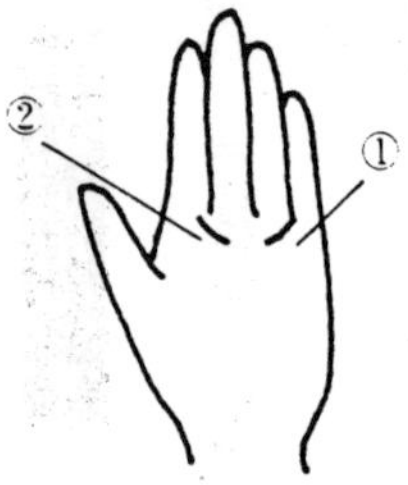

## 誰的手相？……手相指南⑦

有一個如圖所示的手相。接著就來分析這個手相的特徵。

①智慧腦線筆直─意志堅強。

②命運線也筆直─成功。

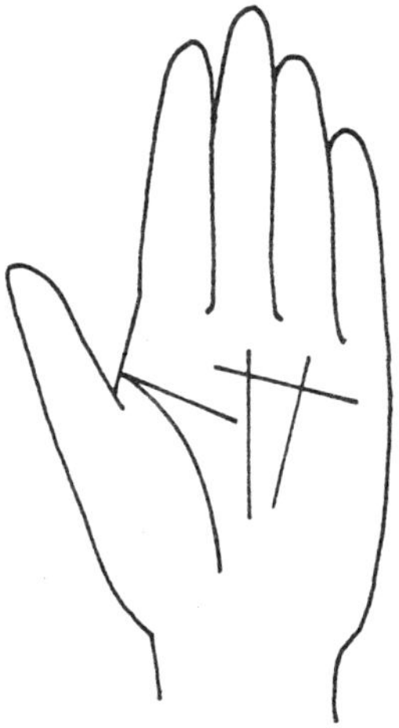

③有一條藝術線─對藝術極具關心。

④智慧線筆直─頑固。

⑤智慧線和生命線相連─行動慎重。

⑥相連的部份短─能迅速下決斷。

⑦感情線筆直─冷酷。

此外還有各種特色，總之，這個手相的主人是希特勒。

希特勒年輕的時候尤其是在其維也納時

代曾經是畫家，晚年還計劃在故鄉附近的都市、奧地利的林茲做都市計劃，可見其藝術才能於一斑。

而意志堅強、冷酷而頑固的特點，從他的作戰方式以及在強制收容所上殘殺六百萬名猶太人的事實，已暴露無疑。

他的手掌上並沒有戀愛‖婚姻線，因而並不清楚其婚姻狀況，不過，至少從結果來看他對女性的態度是相當冷酷的。他所深愛的侄女葛麗在希特勒的臥室舉槍自殺而不明所以，至於希特勒的妻子艾娃・布朗則在柏林的地下防空壕和希特勒一起自殺。

他所深愛的女性都慘遭不幸的後果。

# 從指頭關節瞭解什麼？

手相指南⑧

從指頭關節也可以分析各種現象。有些人的指頭關節極爲發達，彷彿樹木的節狀。而有些人的指頭平滑，甚至看不到關節。關節凸出的指頭中，又分其中兩個關節特別醒目或只有一個關節凸出的情況。

關節是屬於哲學派類型的人的手所呈現的明顯特徵。靠近指甲的關節凸出是表示具有自制心，不論是理論或行動有自己的觀念的精神。而對宗教或學問、藝術不會毫無確信就聽信他人之說。當然，這種人有時愛打抱不平又具猜疑心。經常追求理想，然而常有徒勞無功之舉。

據說正中央的關節是表示物質面。手掌具有彈力而柔軟的人，喜歡井然有序的感覺。而手掌顯得厚實有力的人，任何事都喜歡自己來整理，否則不舒坦。

指頭上兩個關節凸出的人，性格極爲嚴謹，喜歡井然有序的事物。具有追求科學化的傾向。正中央關節發達的人，是表示對物質上的要求或利己的關心，商人或觀念投機的人常見這種手指。

手指看不出關節而圓滑的人，很容易受靈感或衝動支配。和前述的根據知識、區別、分析而行動不同，往往受感情或夢幻般的直覺左右。

不論手的形狀如何，手指滑溜的人給人第一印象總是品行端正、善惡分明的人，但是，交往一段時間之後會漸漸明白不可妄下斷論。

而手背上發達的關節被稱爲「家事的關節」。常見這種關節的是有點囉嗦的太太們的手，這些太太們一個人在家時總顯得坐立不安，如果不把家裡打點整潔總覺得難以釋懷，而有如此的稱呼。顯得瘦骨鄰鄰的關節其特性是控制狂熱。靠近食指指甲的關節特別凸出的人似乎對宗教問題有極深的信仰。

## 從握手立即瞭解對方的人品……………手相指南⑨

初見面的人彼此握手是極自然的動作。而從握手中可以迅速地揣測對方的個性。有的人輕輕握手，有的人用力握手，如果從心理學的角度給予解釋，則可發現許多特點。

①像用拇指緊握住對方手的人，是個性開朗非常喜歡與人交際的樂天派。

②拇指偏離對方手的人，是經濟觀念非常強的節儉家。

③只用拇指指尖按對方手的人，是策略家而且極擅長交際。

●極用力握手的人非常單純，這是渴望對對方造成影響或給予壓迫使其順從的表示。

●雙方交情並不深，卻握緊手而擺動手的人，是具有博得對方喜愛的傾向，有時可能是一種欺騙的行爲。

●談話時緊握著對方的手，是對自己的主張毫不讓步的表示。

①

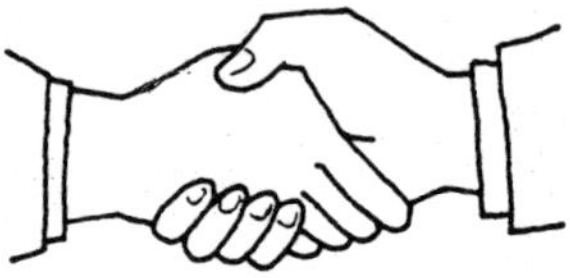

②

③

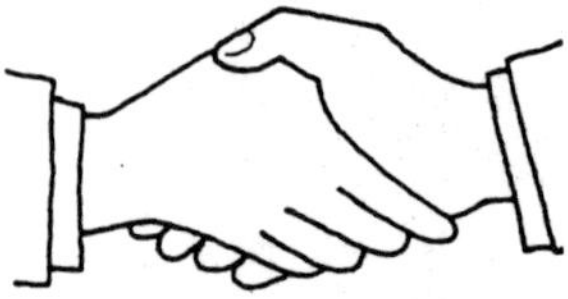

●緩慢而輕輕握手的人，是意志堅定、警戒心強，鮮少暴露眞正的自己。

●握手時無力的人，是意志薄弱容易受他人誘惑或影響。

●握手的方式極爲輕柔的人，是浪費、喜好浮華。雖然有不錯的才能卻欠缺付諸行動的衝勁。

●握法顯得輕柔的人，是浪費、喜好浮華。不過，若能改正喜好偷懶的習性即大有發展。

●具有彈力而握力均等的人，是深思熟慮型的人。多半獲得旁人的信賴而在社會上出人頭地。

●伸出手的動作較慢的人，並不喜歡與人交際。同時，也具有將感情暴露在臉上的一面。

●用雙手握住對方手的人，重感情，然而往往以自我爲中心。

●手非常冷的人，是身體不健康或性格冷酷，或者不擅長交際。

●握手時給人清爽感觸的人，鮮少感情用事，個性溫和。

●手溫暖的人有兩種類型。有點溫暖的是追求歡愉的類型。而過於烘熱，乃是性格太激烈。雖然屬於熱情家卻有莽撞行事的缺點。

## 何謂幸運M…………手相指南（10）

手掌上的紋路正好呈一個英文字母「M」的人，在工作上應可獲得成功。這種線紋稱爲「幸運M」。

因爲，手掌上的線紋中生命線、智慧線、感情線、命運線等四個基本線紋必須清楚地刻畫在手掌上才能出現「M」字型。有這種手相的人，不論智慧、感情或健康都均衡地發達。

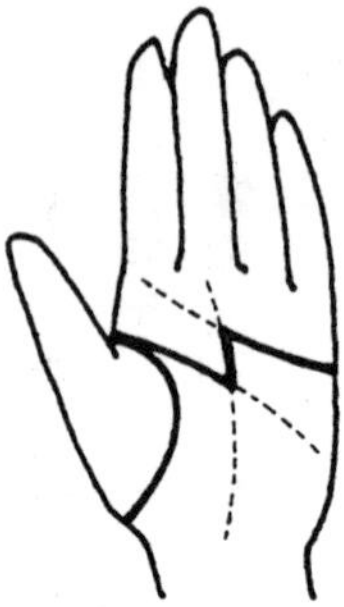

同時，在運勢上命運線如果形成「M」字型的一畫，是暗示三十歲到五十歲之間正值工作旺盛之際可在社會上嶄露頭角。

不過，雖然如前所述是由四條基本線組成「M」字，其實這是各線的一部份組合而成，並非各線是由「M」字型分割而成，這一點請不要弄錯。

# 大展出版社有限公司 圖書目錄

地址：台北市北投區11204
致遠一路二段12巷1號
郵撥： 0166955～1
電話：(02) 8236031
8236033
傳眞：(02) 8272069

## •法律專欄連載• 電腦編號 58

台大法學院 法律學系／策劃
法律服務社／編著

①別讓您的權利睡著了[1] 200元
②別讓您的權利睡著了[2] 200元

## •秘傳占卜系列• 電腦編號 14

| | | |
|---|---|---|
| ①手相術 | 淺野八郎著 | 150元 |
| ②人相術 | 淺野八郎著 | 150元 |
| ③西洋占星術 | 淺野八郎著 | 150元 |
| ④中國神奇占卜 | 淺野八郎著 | 150元 |
| ⑤夢判斷 | 淺野八郎著 | 150元 |
| ⑥前世、來世占卜 | 淺野八郎著 | 150元 |
| ⑦法國式血型學 | 淺野八郎著 | 150元 |
| ⑧靈感、符咒學 | 淺野八郎著 | 150元 |

## •趣味心理講座• 電腦編號 15

| | | | |
|---|---|---|---|
| ①性格測驗1 | 探索男與女 | 淺野八郎著 | 140元 |
| ②性格測驗2 | 透視人心奧秘 | 淺野八郎著 | 140元 |
| ③性格測驗3 | 發現陌生的自己 | 淺野八郎著 | 140元 |
| ④性格測驗4 | 發現你的眞面目 | 淺野八郎著 | 140元 |
| ⑤性格測驗5 | 讓你們吃驚 | 淺野八郎著 | 140元 |
| ⑥性格測驗6 | 洞穿心理盲點 | 淺野八郎著 | 140元 |
| ⑦性格測驗7 | 探索對方心理 | 淺野八郎著 | 140元 |
| ⑧性格測驗8 | 由吃認識自己 | 淺野八郎著 | 140元 |
| ⑨性格測驗9 | 戀愛知多少 | 淺野八郎著 | 140元 |
| ⑩性格測驗10 | 由裝扮瞭解人心 | 淺野八郎著 | 140元 |
| ⑪性格測驗11 | 敲開內心玄機 | 淺野八郎著 | 140元 |
| ⑫性格測驗12 | 透視你的未來 | 淺野八郎著 | 140元 |
| ⑬血型與你的一生 | | 淺野八郎著 | 140元 |

| | | |
|---|---|---|
| ⑭趣味推理遊戲 | 淺野八郎著 | 140元 |

## ・婦 幼 天 地・電腦編號 16

| | | |
|---|---|---|
| ①八萬人減肥成果 | 黃靜香譯 | 150元 |
| ②三分鐘減肥體操 | 楊鴻儒譯 | 130元 |
| ③窈窕淑女美髮秘訣 | 柯素娥譯 | 130元 |
| ④使妳更迷人 | 成　玉譯 | 130元 |
| ⑤女性的更年期 | 官舒姸編譯 | 130元 |
| ⑥胎內育兒法 | 李玉瓊編譯 | 120元 |
| ⑦早產兒袋鼠式護理 | 唐岱蘭譯 | 200元 |
| ⑧初次懷孕與生產 | 婦幼天地編譯組 | 180元 |
| ⑨初次育兒12個月 | 婦幼天地編譯組 | 180元 |
| ⑩斷乳食與幼兒食 | 婦幼天地編譯組 | 180元 |
| ⑪培養幼兒能力與性向 | 婦幼天地編譯組 | 180元 |
| ⑫培養幼兒創造力的玩具與遊戲 | 婦幼天地編譯組 | 180元 |
| ⑬幼兒的症狀與疾病 | 婦幼天地編譯組 | 180元 |
| ⑭腿部苗條健美法 | 婦幼天地編譯組 | 150元 |
| ⑮女性腰痛別忽視 | 婦幼天地編譯組 | 150元 |
| ⑯舒展身心體操術 | 李玉瓊編譯 | 130元 |
| ⑰三分鐘臉部體操 | 趙薇妮著 | 120元 |
| ⑱生動的笑容表情術 | 趙薇妮著 | 120元 |
| ⑲心曠神怡減肥法 | 川津祐介著 | 130元 |
| ⑳內衣使妳更美麗 | 陳玄茹譯 | 130元 |
| ㉑瑜伽美姿美容 | 黃靜香編著 | 150元 |
| ㉒高雅女性裝扮學 | 陳珮玲譯 | 180元 |
| ㉓蠶糞肌膚美顏法 | 坂梨秀子著 | 160元 |
| ㉔認識妳的身體 | 李玉瓊譯 | 160元 |

## ・青 春 天 地・電腦編號 17

| | | |
|---|---|---|
| ①A血型與星座 | 柯素娥編譯 | 120元 |
| ②B血型與星座 | 柯素娥編譯 | 120元 |
| ③O血型與星座 | 柯素娥編譯 | 120元 |
| ④AB血型與星座 | 柯素娥編譯 | 120元 |
| ⑤青春期性教室 | 呂貴嵐編譯 | 130元 |
| ⑥事半功倍讀書法 | 王毅希編譯 | 130元 |
| ⑦難解數學破題 | 宋釗宜編譯 | 130元 |
| ⑧速算解題技巧 | 宋釗宜編譯 | 130元 |
| ⑨小論文寫作秘訣 | 林顯茂編譯 | 120元 |
| ⑩視力恢復！超速讀術 | 江錦雲譯 | 130元 |

| | | |
|---|---|---|
| ⑪中學生野外遊戲 | 熊谷康編著 | 120元 |
| ⑫恐怖極短篇 | 柯素娥編譯 | 130元 |
| ⑬恐怖夜話 | 小毛驢編譯 | 130元 |
| ⑭恐怖幽默短篇 | 小毛驢編譯 | 120元 |
| ⑮黑色幽默短篇 | 小毛驢編譯 | 120元 |
| ⑯靈異怪談 | 小毛驢編譯 | 130元 |
| ⑰錯覺遊戲 | 小毛驢編譯 | 130元 |
| ⑱整人遊戲 | 小毛驢編譯 | 120元 |
| ⑲有趣的超常識 | 柯素娥編譯 | 130元 |
| ⑳哦！原來如此 | 林慶旺編譯 | 130元 |
| ㉑趣味競賽100種 | 劉名揚編譯 | 120元 |
| ㉒數學謎題入門 | 宋釗宜編譯 | 150元 |
| ㉓數學謎題解析 | 宋釗宜編譯 | 150元 |
| ㉔透視男女心理 | 林慶旺編譯 | 120元 |
| ㉕少女情懷的自白 | 李桂蘭編譯 | 120元 |
| ㉖由兄弟姊妹看命運 | 李玉瓊編譯 | 130元 |
| ㉗趣味的科學魔術 | 林慶旺編譯 | 150元 |
| ㉘趣味的心理實驗室 | 李燕玲編譯 | 150元 |
| ㉙愛與性心理測驗 | 小毛驢編譯 | 130元 |
| ㉚刑案推理解謎 | 小毛驢編譯 | 130元 |
| ㉛偵探常識推理 | 小毛驢編譯 | 130元 |
| ㉜偵探常識解謎 | 小毛驢編譯 | 130元 |
| ㉝偵探推理遊戲 | 小毛驢編譯 | 130元 |
| ㉞趣味的超魔術 | 廖玉山編著 | 150元 |
| ㉟趣味的珍奇發明 | 柯素娥編著 | 150元 |

## •健 康 天 地•電腦編號18

| | | |
|---|---|---|
| ①壓力的預防與治療 | 柯素娥編譯 | 130元 |
| ②超科學氣的魔力 | 柯素娥編譯 | 130元 |
| ③尿療法治病的神奇 | 中尾良一著 | 130元 |
| ④鐵證如山的尿療法奇蹟 | 廖玉山譯 | 120元 |
| ⑤一日斷食健康法 | 葉慈容編譯 | 120元 |
| ⑥胃部強健法 | 陳炳崑譯 | 120元 |
| ⑦癌症早期檢查法 | 廖松濤譯 | 130元 |
| ⑧老人痴呆症防止法 | 柯素娥編譯 | 130元 |
| ⑨松葉汁健康飲料 | 陳麗芬編譯 | 130元 |
| ⑩揉肚臍健康法 | 永井秋夫著 | 150元 |
| ⑪過勞死、猝死的預防 | 卓秀貞編譯 | 130元 |
| ⑫高血壓治療與飲食 | 藤山順豐著 | 150元 |
| ⑬老人看護指南 | 柯素娥編譯 | 150元 |

| | | |
|---|---|---|
| ⑭美容外科淺談 | 楊啟宏著 | 150元 |
| ⑮美容外科新境界 | 楊啟宏著 | 150元 |
| ⑯鹽是天然的醫生 | 西英司郎著 | 140元 |
| ⑰年輕十歲不是夢 | 梁瑞麟譯 | 200元 |
| ⑱茶料理治百病 | 桑野和民著 | 180元 |
| ⑲綠茶治病寶典 | 桑野和民著 | 150元 |
| ⑳杜仲茶養顏減肥法 | 西田博著 | 150元 |
| ㉑蜂膠驚人療效 | 瀨長良三郎著 | 160元 |
| ㉒蜂膠治百病 | 瀨長良三郎著 | 元 |

## •實用女性學講座• 電腦編號 19

| | | |
|---|---|---|
| ①解讀女性內心世界 | 島田一男著 | 150元 |
| ②塑造成熟的女性 | 島田一男著 | 150元 |

## •校 園 系 列• 電腦編號 20

| | | |
|---|---|---|
| ①讀書集中術 | 多湖輝著 | 150元 |
| ②應考的訣竅 | 多湖輝著 | 150元 |
| ③輕鬆讀書贏得聯考 | 多湖輝著 | 150元 |
| ④讀書記憶秘訣 | 多湖輝著 | 150元 |

## •實用心理學講座• 電腦編號 21

| | | |
|---|---|---|
| ①拆穿欺騙伎倆 | 多湖輝著 | 140元 |
| ②創造好構想 | 多湖輝著 | 140元 |
| ③面對面心理術 | 多湖輝著 | 140元 |
| ④僞裝心理術 | 多湖輝著 | 140元 |
| ⑤透視人性弱點 | 多湖輝著 | 140元 |
| ⑥自我表現術 | 多湖輝著 | 150元 |
| ⑦不可思議的人性心理 | 多湖輝著 | 150元 |
| ⑧催眠術入門 | 多湖輝著 | 150元 |
| ⑨責罵部屬的藝術 | 多湖輝著 | 150元 |
| ⑩精神力 | 多湖輝著 | 150元 |
| ⑪厚黑說服術 | 多湖輝著 | 150元 |
| ⑫集中力 | 多湖輝著 | 150元 |

## •超現實心理講座• 電腦編號 22

| | | |
|---|---|---|
| ①超意識覺醒法 | 詹蔚芬編譯 | 130元 |
| ②護摩秘法與人生 | 劉名揚編譯 | 130元 |

| | | |
|---|---|---|
| ③秘法！超級仙術入門 | 陸　明譯 | 150元 |
| ④給地球人的訊息 | 柯素娥編著 | 150元 |
| ⑤密教的神通力 | 劉名揚編著 | 130元 |
| ⑥神秘奇妙的世界 | 平川陽一著 | 180元 |

## •養 生 保 健• 電腦編號 23

| | | |
|---|---|---|
| ①醫療養生氣功 | 黃孝寬著 | 250元 |
| ②中國氣功圖譜 | 余功保著 | 230元 |
| ③少林醫療氣功精粹 | 井玉蘭著 | 250元 |
| ④龍形實用氣功 | 吳大才等著 | 220元 |
| ⑤魚戲增視強身氣功 | 宮　嬰著 | 220元 |
| ⑥嚴新氣功 | 前新培金著 | 250元 |
| ⑦道家玄牝氣功 | 張　章著 | 元 |
| ⑧仙家秘傳袪病功 | 李遠國著 | 元 |

## •心 靈 雅 集• 電腦編號 00

| | | |
|---|---|---|
| ①禪言佛語看人生 | 松濤弘道著 | 180元 |
| ②禪密教的奧秘 | 葉逯謙譯 | 120元 |
| ③觀音大法力 | 田口日勝著 | 120元 |
| ④觀音法力的大功德 | 田口日勝著 | 120元 |
| ⑤達摩禪106智慧 | 劉華亭編譯 | 150元 |
| ⑥有趣的佛教研究 | 葉逯謙編譯 | 120元 |
| ⑦夢的開運法 | 蕭京凌譯 | 130元 |
| ⑧禪學智慧 | 柯素娥編譯 | 130元 |
| ⑨女性佛教入門 | 許俐萍譯 | 110元 |
| ⑩佛像小百科 | 心靈雅集編譯組 | 130元 |
| ⑪佛教小百科趣談 | 心靈雅集編譯組 | 120元 |
| ⑫佛教小百科漫談 | 心靈雅集編譯組 | 150元 |
| ⑬佛教知識小百科 | 心靈雅集編譯組 | 150元 |
| ⑭佛學名言智慧 | 松濤弘道著 | 180元 |
| ⑮釋迦名言智慧 | 松濤弘道著 | 180元 |
| ⑯活人禪 | 平田精耕著 | 120元 |
| ⑰坐禪入門 | 柯素娥編譯 | 120元 |
| ⑱現代禪悟 | 柯素娥編譯 | 130元 |
| ⑲道元禪師語錄 | 心靈雅集編譯組 | 130元 |
| ⑳佛學經典指南 | 心靈雅集編譯組 | 130元 |
| ㉑何謂「生」　阿含經 | 心靈雅集編譯組 | 150元 |
| ㉒一切皆空　般若心經 | 心靈雅集編譯組 | 150元 |
| ㉓超越迷惘　法句經 | 心靈雅集編譯組 | 130元 |

| | | |
|---|---|---|
| ㉔開拓宇宙觀　華嚴經 | 心靈雅集編譯組 | 130元 |
| ㉕真實之道　法華經 | 心靈雅集編譯組 | 130元 |
| ㉖自由自在　涅槃經 | 心靈雅集編譯組 | 130元 |
| ㉗沈默的教示　維摩經 | 心靈雅集編譯組 | 150元 |
| ㉘開通心眼　佛語佛戒 | 心靈雅集編譯組 | 130元 |
| ㉙揭秘寶庫　密教經典 | 心靈雅集編譯組 | 130元 |
| ㉚坐禪與養生 | 廖松濤譯 | 110元 |
| ㉛釋尊十戒 | 柯素娥編譯 | 120元 |
| ㉜佛法與神通 | 劉欣如編著 | 120元 |
| ㉝悟（正法眼藏的世界） | 柯素娥編譯 | 120元 |
| ㉞只管打坐 | 劉欣如編譯 | 120元 |
| ㉟喬答摩・佛陀傳 | 劉欣如編著 | 120元 |
| ㊱唐玄奘留學記 | 劉欣如編譯 | 120元 |
| ㊲佛教的人生觀 | 劉欣如編譯 | 110元 |
| ㊳無門關（上卷） | 心靈雅集編譯組 | 150元 |
| ㊴無門關（下卷） | 心靈雅集編譯組 | 150元 |
| ㊵業的思想 | 劉欣如編著 | 130元 |
| ㊶佛法難學嗎 | 劉欣如著 | 140元 |
| ㊷佛法實用嗎 | 劉欣如著 | 140元 |
| ㊸佛法殊勝嗎 | 劉欣如著 | 140元 |
| ㊹因果報應法則 | 李常傳編 | 140元 |
| ㊺佛教醫學的奧秘 | 劉欣如編著 | 150元 |
| ㊻紅塵絕唱 | 海　若著 | 130元 |
| ㊼佛教生活風情 | 洪丕謨、姜玉珍著 | 220元 |
| ㊽行住坐臥有佛法 | 劉欣如著 | 160元 |
| ㊾起心動念是佛法 | 劉欣如著 | 160元 |

## ・經 營 管 理・電腦編號 01

| | | |
|---|---|---|
| ◎創新經營管理六十六大計（精） | 蔡弘文編 | 780元 |
| ①如何獲取生意情報 | 蘇燕謀譯 | 110元 |
| ②經濟常識問答 | 蘇燕謀譯 | 130元 |
| ③股票致富68秘訣 | 簡文祥譯 | 100元 |
| ④台灣商戰風雲錄 | 陳中雄著 | 120元 |
| ⑤推銷大王秘錄 | 原一平著 | 100元 |
| ⑥新創意・賺大錢 | 王家成譯 | 90元 |
| ⑦工廠管理新手法 | 琪　輝著 | 120元 |
| ⑧奇蹟推銷術 | 蘇燕謀譯 | 100元 |
| ⑨經營參謀 | 柯順隆譯 | 120元 |
| ⑩美國實業24小時 | 柯順隆譯 | 80元 |
| ⑪撼動人心的推銷法 | 原一平著 | 120元 |

| | | |
|---|---|---|
| ⑫高竿經營法 | 蔡弘文編 | 120元 |
| ⑬如何掌握顧客 | 柯順隆譯 | 150元 |
| ⑭一等一賺錢策略 | 蔡弘文編 | 120元 |
| ⑯成功經營妙方 | 鐘文訓著 | 120元 |
| ⑰一流的管理 | 蔡弘文編 | 150元 |
| ⑱外國人看中韓經濟 | 劉華亭譯 | 150元 |
| ⑲企業不良幹部群相 | 琪輝編著 | 120元 |
| ⑳突破商場人際學 | 林振輝編著 | 90元 |
| ㉑無中生有術 | 琪輝編著 | 140元 |
| ㉒如何使女人打開錢包 | 林振輝編著 | 100元 |
| ㉓操縱上司術 | 邑井操著 | 90元 |
| ㉔小公司經營策略 | 王嘉誠著 | 100元 |
| ㉕成功的會議技巧 | 鐘文訓編譯 | 100元 |
| ㉖新時代老闆學 | 黃柏松編著 | 100元 |
| ㉗如何創造商場智囊團 | 林振輝編譯 | 150元 |
| ㉘十分鐘推銷術 | 林振輝編譯 | 120元 |
| ㉙五分鐘育才 | 黃柏松編譯 | 100元 |
| ㉚成功商場戰術 | 陸明編譯 | 100元 |
| ㉛商場談話技巧 | 劉華亭編譯 | 120元 |
| ㉜企業帝王學 | 鐘文訓譯 | 90元 |
| ㉝自我經濟學 | 廖松濤編譯 | 100元 |
| ㉞一流的經營 | 陶田生編著 | 120元 |
| ㉟女性職員管理術 | 王昭國編譯 | 120元 |
| ㊱ＩＢＭ的人事管理 | 鐘文訓編譯 | 150元 |
| ㊲現代電腦常識 | 王昭國編譯 | 150元 |
| ㊳電腦管理的危機 | 鐘文訓編譯 | 120元 |
| ㊴如何發揮廣告效果 | 王昭國編譯 | 150元 |
| ㊵最新管理技巧 | 王昭國編譯 | 150元 |
| ㊶一流推銷術 | 廖松濤編譯 | 120元 |
| ㊷包裝與促銷技巧 | 王昭國編譯 | 130元 |
| ㊸企業王國指揮塔 | 松下幸之助著 | 120元 |
| ㊹企業精銳兵團 | 松下幸之助著 | 120元 |
| ㊺企業人事管理 | 松下幸之助著 | 100元 |
| ㊻華僑經商致富術 | 廖松濤編譯 | 130元 |
| ㊼豐田式銷售技巧 | 廖松濤編譯 | 120元 |
| ㊽如何掌握銷售技巧 | 王昭國編著 | 130元 |
| ㊿洞燭機先的經營 | 鐘文訓編譯 | 150元 |
| 52新世紀的服務業 | 鐘文訓編譯 | 100元 |
| 53成功的領導者 | 廖松濤編譯 | 120元 |
| 54女推銷員成功術 | 李玉瓊編譯 | 130元 |
| 55ＩＢＭ人才培育術 | 鐘文訓編譯 | 100元 |

| | | |
|---|---|---|
| ㊹企業人自我突破法 | 黃琪輝編著 | 150元 |
| ㊽財富開發術 | 蔡弘文編著 | 130元 |
| ㊾成功的店舖設計 | 鐘文訓編著 | 150元 |
| ㊿企管回春法 | 蔡弘文編著 | 130元 |
| 62小企業經營指南 | 鐘文訓編譯 | 100元 |
| 63商場致勝名言 | 鐘文訓編譯 | 150元 |
| 64迎接商業新時代 | 廖松濤編譯 | 100元 |
| 66新手股票投資入門 | 何朝乾　編 | 180元 |
| 67上揚股與下跌股 | 何朝乾編譯 | 180元 |
| 68股票速成學 | 何朝乾編譯 | 180元 |
| 69理財與股票投資策略 | 黃俊豪編著 | 180元 |
| 70黃金投資策略 | 黃俊豪編著 | 180元 |
| 71厚黑管理學 | 廖松濤編譯 | 180元 |
| 72股市致勝格言 | 呂梅莎編譯 | 180元 |
| 73透視西武集團 | 林谷燁編譯 | 150元 |
| 76巡迴行銷術 | 陳蒼杰譯 | 150元 |
| 77推銷的魔術 | 王嘉誠譯 | 120元 |
| 7860秒指導部屬 | 周蓮芬編譯 | 150元 |
| 79精銳女推銷員特訓 | 李玉瓊編譯 | 130元 |
| 80企劃、提案、報告圖表的技巧 | 鄭　汶　譯 | 180元 |
| 81海外不動產投資 | 許達守編譯 | 150元 |
| 82八百件的世界策略 | 李玉瓊譯 | 150元 |
| 83服務業品質管理 | 吳宜芬譯 | 180元 |
| 84零庫存銷售 | 黃東謙編譯 | 150元 |
| 85三分鐘推銷管理 | 劉名揚編譯 | 150元 |
| 86推銷大王奮鬥史 | 原一平著 | 150元 |
| 87豐田汽車的生產管理 | 林谷燁編譯 | 150元 |

## ・成功寶庫・電腦編號 02

| | | |
|---|---|---|
| ①上班族交際術 | 江森滋著 | 100元 |
| ②拍馬屁訣竅 | 廖玉山編譯 | 110元 |
| ④聽話的藝術 | 歐陽輝編譯 | 110元 |
| ⑨求職轉業成功術 | 陳　義編著 | 110元 |
| ⑩上班族禮儀 | 廖玉山編著 | 120元 |
| ⑪接近心理學 | 李玉瓊編著 | 100元 |
| ⑫創造自信的新人生 | 廖松濤編著 | 120元 |
| ⑭上班族如何出人頭地 | 廖松濤編著 | 100元 |
| ⑮神奇瞬間瞑想法 | 廖松濤編譯 | 100元 |
| ⑯人生成功之鑰 | 楊意苓編著 | 150元 |
| ⑱潛在心理術 | 多湖輝　著 | 100元 |

| | | |
|---|---|---|
| ⑲給企業人的諍言 | 鐘文訓編著 | 120元 |
| ⑳企業家自律訓練法 | 陳　義編譯 | 100元 |
| ㉑上班族妖怪學 | 廖松濤編著 | 100元 |
| ㉒猶太人縱橫世界的奇蹟 | 孟佑政編著 | 110元 |
| ㉓訪問推銷術 | 黃静香編著 | 130元 |
| ㉕你是上班族中強者 | 嚴思圖編著 | 100元 |
| ㉖向失敗挑戰 | 黃静香編著 | 100元 |
| ㉙機智應對術 | 李玉瓊編著 | 130元 |
| ㉚成功頓悟100則 | 蕭京凌編譯 | 130元 |
| ㉛掌握好運100則 | 蕭京凌編譯 | 110元 |
| ㉜知性幽默 | 李玉瓊編譯 | 130元 |
| ㉝熟記對方絕招 | 黃静香編譯 | 100元 |
| ㉞男性成功秘訣 | 陳蒼杰編譯 | 130元 |
| ㊱業務員成功秘方 | 李玉瓊編著 | 120元 |
| ㊲察言觀色的技巧 | 劉華亭編著 | 130元 |
| ㊳一流領導力 | 施義彥編譯 | 120元 |
| ㊴一流說服力 | 李玉瓊編著 | 130元 |
| ㊵30秒鐘推銷術 | 廖松濤編譯 | 120元 |
| ㊶猶太成功商法 | 周蓮芬編譯 | 120元 |
| ㊷尖端時代行銷策略 | 陳蒼杰編著 | 100元 |
| ㊸顧客管理學 | 廖松濤編著 | 100元 |
| ㊹如何使對方說Yes | 程　羲編著 | 150元 |
| ㊺如何提高工作效率 | 劉華亭編著 | 150元 |
| ㊼上班族口才學 | 楊鴻儒譯 | 120元 |
| ㊽上班族新鮮人須知 | 程　羲編著 | 120元 |
| ㊾如何左右逢源 | 程　羲編著 | 130元 |
| ㊿語言的心理戰 | 多湖輝著 | 130元 |
| 51扣人心弦演說術 | 劉名揚編著 | 120元 |
| 53如何增進記憶力、集中力 | 廖松濤譯 | 130元 |
| 55性惡企業管理學 | 陳蒼杰譯 | 130元 |
| 56自我啟發200招 | 楊鴻儒編著 | 150元 |
| 57做個傑出女職員 | 劉名揚編著 | 130元 |
| 58靈活的集團營運術 | 楊鴻儒編著 | 120元 |
| 60個案研究活用法 | 楊鴻儒編著 | 130元 |
| 61企業教育訓練遊戲 | 楊鴻儒編著 | 120元 |
| 62管理者的智慧 | 程　義編譯 | 130元 |
| 63做個佼佼管理者 | 馬筱莉編譯 | 130元 |
| 64智慧型說話技巧 | 沈永嘉編譯 | 130元 |
| 66活用佛學於經營 | 松濤弘道著 | 150元 |
| 67活用禪學於企業 | 柯素娥編譯 | 130元 |
| 68詭辯的智慧 | 沈永嘉編譯 | 130元 |

| | | |
|---|---|---|
| ㊾幽默詭辯術 | 廖玉山編譯 | 130元 |
| ⑦拿破崙智慧箴言 | 柯素娥編譯 | 130元 |
| ⑦自我培育・超越 | 蕭京凌編譯 | 150元 |
| ⑦深層心理術 | 多湖輝著 | 130元 |
| ⑦深層語言術 | 多湖輝著 | 130元 |
| ⑦時間即一切 | 沈永嘉編譯 | 130元 |
| ⑦自我脫胎換骨 | 柯素娥譯 | 150元 |
| ⑦贏在起跑點—人才培育鐵則 | 楊鴻儒編譯 | 150元 |
| ⑦做一枚活棋 | 李玉瓊編譯 | 130元 |
| ⑦面試成功戰略 | 柯素娥編譯 | 130元 |
| ⑦自我介紹與社交禮儀 | 柯素娥編譯 | 150元 |
| ⑧說NO的技巧 | 廖玉山編譯 | 130元 |
| ⑧瞬間攻破心防法 | 廖玉山編譯 | 120元 |
| ⑧改變一生的名言 | 李玉瓊編譯 | 130元 |
| ⑧性格性向創前程 | 楊鴻儒編譯 | 130元 |
| ⑧訪問行銷新竅門 | 廖玉山編譯 | 150元 |
| ⑧無所不達的推銷話術 | 李玉瓊編譯 | 150元 |

## ・處世智慧・電腦編號03

| | | |
|---|---|---|
| ①如何改變你自己 | 陸明編譯 | 120元 |
| ②人性心理陷阱 | 多湖輝著 | 90元 |
| ④幽默說話術 | 林振輝編譯 | 120元 |
| ⑤讀書36計 | 黃柏松編譯 | 120元 |
| ⑥靈感成功術 | 譚繼山編譯 | 80元 |
| ⑧扭轉一生的五分鐘 | 黃柏松編譯 | 100元 |
| ⑨知人、知面、知其心 | 林振輝譯 | 110元 |
| ⑩現代人的詭計 | 林振輝譯 | 100元 |
| ⑫如何利用你的時間 | 蘇遠謀譯 | 80元 |
| ⑬口才必勝術 | 黃柏松編譯 | 120元 |
| ⑭女性的智慧 | 譚繼山編譯 | 90元 |
| ⑮如何突破孤獨 | 張文志編譯 | 80元 |
| ⑯人生的體驗 | 陸明編譯 | 80元 |
| ⑰微笑社交術 | 張芳明譯 | 90元 |
| ⑱幽默吹牛術 | 金子登著 | 90元 |
| ⑲攻心說服術 | 多湖輝著 | 100元 |
| ⑳當機立斷 | 陸明編譯 | 70元 |
| ㉑勝利者的戰略 | 宋恩臨編譯 | 80元 |
| ㉒如何交朋友 | 安紀芳編著 | 70元 |
| ㉓鬥智奇謀（諸葛孔明兵法） | 陳炳崑著 | 70元 |
| ㉔慧心良言 | 亦　奇著 | 80元 |

| | | |
|---|---|---|
| ㉕名家慧語 | 蔡逸鴻主編 | 90元 |
| ㉗稱霸者啟示金言 | 黃柏松編譯 | 90元 |
| ㉘如何發揮你的潛能 | 陸明編譯 | 90元 |
| ㉙女人身態語言學 | 李常傳譯 | 130元 |
| ㉚摸透女人心 | 張文志譯 | 90元 |
| ㉛現代戀愛秘訣 | 王家成譯 | 70元 |
| ㉜給女人的悄悄話 | 妮倩編譯 | 90元 |
| ㉞如何開拓快樂人生 | 陸明編譯 | 90元 |
| ㉟驚人時間活用法 | 鐘文訓譯 | 80元 |
| ㊱成功的捷徑 | 鐘文訓譯 | 70元 |
| ㊲幽默逗笑術 | 林振輝著 | 120元 |
| ㊳活用血型讀書法 | 陳炳崑譯 | 80元 |
| ㊴心　燈 | 葉于模著 | 100元 |
| ㊵當心受騙 | 林顯茂譯 | 90元 |
| ㊶心・體・命運 | 蘇燕謀譯 | 70元 |
| ㊷如何使頭腦更敏銳 | 陸明編譯 | 70元 |
| ㊸宮本武藏五輪書金言錄 | 宮本武藏著 | 100元 |
| ㊺勇者的智慧 | 黃柏松編譯 | 80元 |
| ㊼成熟的愛 | 林振輝譯 | 120元 |
| ㊽現代女性駕馭術 | 蔡德華著 | 90元 |
| ㊾禁忌遊戲 | 酒井潔著 | 90元 |
| 52摸透男人心 | 劉華亭編譯 | 80元 |
| 53如何達成願望 | 謝世輝著 | 90元 |
| 54創造奇蹟的「想念法」 | 謝世輝著 | 90元 |
| 55創造成功奇蹟 | 謝世輝著 | 90元 |
| 56男女幽默趣典 | 劉華亭譯 | 90元 |
| 57幻想與成功 | 廖松濤譯 | 80元 |
| 58反派角色的啟示 | 廖松濤編譯 | 70元 |
| 59現代女性須知 | 劉華亭編著 | 75元 |
| 61機智說話術 | 劉華亭編譯 | 100元 |
| 62如何突破內向 | 姜倩怡編譯 | 110元 |
| 64讀心術入門 | 王家成編譯 | 100元 |
| 65如何解除內心壓力 | 林美羽編著 | 110元 |
| 66取信於人的技巧 | 多湖輝著 | 110元 |
| 67如何培養堅強的自我 | 林美羽編著 | 90元 |
| 68自我能力的開拓 | 卓一凡編著 | 110元 |
| 70縱橫交涉術 | 嚴思圖編著 | 90元 |
| 71如何培養妳的魅力 | 劉文珊編著 | 90元 |
| 72魅力的力量 | 姜倩怡編著 | 90元 |
| 73金錢心理學 | 多湖輝著 | 100元 |
| 74語言的圈套 | 多湖輝著 | 110元 |

| | | |
|---|---|---|
| ⑦⑤個性膽怯者的成功術 | 廖松濤編譯 | 100元 |
| ⑦⑥人性的光輝 | 文可式編著 | 90元 |
| ⑦⑧驚人的速讀術 | 鐘文訓編譯 | 90元 |
| ⑦⑨培養靈敏頭腦秘訣 | 廖玉山編著 | 90元 |
| ⑧⓪夜晚心理術 | 鄭秀美編譯 | 80元 |
| ⑧①如何做個成熟的女性 | 李玉瓊編著 | 80元 |
| ⑧②現代女性成功術 | 劉文珊編著 | 90元 |
| ⑧③成功說話技巧 | 梁惠珠編譯 | 100元 |
| ⑧④人生的真諦 | 鐘文訓編譯 | 100元 |
| ⑧⑤妳是人見人愛的女孩 | 廖松濤編著 | 120元 |
| ⑧⑦指尖·頭腦體操 | 蕭京凌編譯 | 90元 |
| ⑧⑧電話應對禮儀 | 蕭京凌編著 | 90元 |
| ⑧⑨自我表現的威力 | 廖松濤編譯 | 100元 |
| ⑨⓪名人名語啟示錄 | 喬家楓編著 | 100元 |
| ⑨①男與女的哲思 | 程鐘梅編譯 | 110元 |
| ⑨②靈思慧語 | 牧　風著 | 110元 |
| ⑨③心靈夜語 | 牧　風著 | 100元 |
| ⑨④激盪腦力訓練 | 廖松濤編譯 | 100元 |
| ⑨⑤三分鐘頭腦活性法 | 廖玉山編譯 | 110元 |
| ⑨⑥星期一的智慧 | 廖玉山編譯 | 100元 |
| ⑨⑦溝通說服術 | 賴文琇編譯 | 100元 |
| ⑨⑧超速讀超記憶法 | 廖松濤編譯 | 120元 |

## ·健康與美容·電腦編號04

| | | |
|---|---|---|
| ①B型肝炎預防與治療 | 曾慧琪譯 | 130元 |
| ③媚酒傳（中國王朝秘酒） | 陸明主編 | 120元 |
| ④藥酒與健康果菜汁 | 成玉主編 | 150元 |
| ⑤中國回春健康術 | 蔡一藩著 | 100元 |
| ⑥奇蹟的斷食療法 | 蘇燕謀譯 | 110元 |
| ⑧健美食物法 | 陳炳崑譯 | 120元 |
| ⑨驚異的漢方療法 | 唐龍編著 | 90元 |
| ⑩不老強精食 | 唐龍編著 | 100元 |
| ⑪經脈美容法 | 月乃桂子著 | 90元 |
| ⑫五分鐘跳繩健身法 | 蘇明達譯 | 100元 |
| ⑬睡眠健康法 | 王家成譯 | 80元 |
| ⑭你就是名醫 | 張芳明譯 | 90元 |
| ⑮如何保護你的眼睛 | 蘇燕謀譯 | 70元 |
| ⑯自我指壓術 | 今井義晴著 | 120元 |
| ⑰室內身體鍛鍊法 | 陳炳崑譯 | 100元 |
| ⑲釋迦長壽健康法 | 譚繼山譯 | 90元 |

| | | |
|---|---|---|
| ⑳腳部按摩健康法 | 譚繼山譯 | 120元 |
| ㉑自律健康法 | 蘇明達譯 | 90元 |
| ㉓身心保健座右銘 | 張仁福著 | 160元 |
| ㉔腦中風家庭看護與運動治療 | 林振輝譯 | 100元 |
| ㉕秘傳醫學人相術 | 成玉主編 | 120元 |
| ㉖導引術入門⑴治療慢性病 | 成玉主編 | 110元 |
| ㉗導引術入門⑵健康・美容 | 成玉主編 | 110元 |
| ㉘導引術入門⑶身心健康法 | 成玉主編 | 110元 |
| ㉙妙用靈藥・蘆薈 | 李常傳譯 | 90元 |
| ㉚萬病回春百科 | 吳通華著 | 150元 |
| ㉛初次懷孕的10個月 | 成玉編譯 | 100元 |
| ㉜中國秘傳氣功治百病 | 陳炳崑編譯 | 130元 |
| ㉞仙人成仙術 | 陸明編譯 | 100元 |
| ㉟仙人長生不老學 | 陸明編譯 | 100元 |
| ㊱釋迦秘傳米粒刺激法 | 鐘文訓譯 | 120元 |
| ㊲痔・治療與預防 | 陸明編譯 | 130元 |
| ㊳自我防身絕技 | 陳炳崑編譯 | 120元 |
| ㊴運動不足時疲勞消除法 | 廖松濤譯 | 110元 |
| ㊵三溫暖健康法 | 鐘文訓編譯 | 90元 |
| ㊷維他命C新效果 | 鐘文訓譯 | 90元 |
| ㊸維他命與健康 | 鐘文訓譯 | 150元 |
| ㊺森林浴—綠的健康法 | 劉華亭編譯 | 80元 |
| ㊼導引術入門⑷酒浴健康法 | 成玉主編 | 90元 |
| ㊽導引術入門⑸不老回春法 | 成玉主編 | 90元 |
| ㊾山白竹(劍竹)健康法 | 鐘文訓譯 | 90元 |
| ㊿解救你的心臟 | 鐘文訓編譯 | 100元 |
| 51牙齒保健法 | 廖玉山譯 | 90元 |
| 52超人氣功法 | 陸明編譯 | 110元 |
| 53超能力秘密開發法 | 廖松濤譯 | 80元 |
| 54借力的奇蹟⑴ | 力拔山著 | 100元 |
| 55借力的奇蹟⑵ | 力拔山著 | 100元 |
| 56五分鐘小睡健康法 | 呂添發撰 | 100元 |
| 57禿髮、白髮預防與治療 | 陳炳崑撰 | 120元 |
| 58吃出健康藥膳 | 劉大器著 | 100元 |
| 59艾草健康法 | 張汝明編譯 | 90元 |
| 60一分鐘健康診斷 | 蕭京凌編譯 | 90元 |
| 61念術入門 | 黃静香編譯 | 90元 |
| 62念術健康法 | 黃静香編譯 | 90元 |
| 63健身回春法 | 梁惠珠編譯 | 100元 |
| 64姿勢養生法 | 黃秀娟編譯 | 90元 |
| 65仙人瞑想法 | 鐘文訓譯 | 120元 |

國家圖書館出版品預行編目資料

手相術／淺野八郎著；李玉瓊譯
--初版--臺北市；大展．民83
面；　　公分．--（占卜系列；①）
譯自：＜秘傳＞占い全書①　手相術
ISBN　957-557-483-4（平裝）
1.手相
293.23　　　　83011672

本書原名：＜秘傳＞占い全書①　手相術
著　　者：淺野八郎
©Hachirou Asano 1990
原發行所：ワニ文庫
仲介代理：京王文化事業有限公司



ISBN 957-557-483-4

手相術

原著者／淺野八郎
編譯者／李　玉　瓊
發行人／蔡　森　明
出版者／大展出版社有限公司
社　　址／台北市北投區（石牌）致遠一路二段12巷1號
電　　話／(02) 28236031・28236033
傳　　眞／(02) 28272069
郵政劃撥／0166955－1
登記證／局版臺業字第2171號
承印者／高星企業有限公司
裝　　訂／日新裝訂所
排版者／千兵企業有限公司
電　　話／(02) 28812643
初　　版／1994年（民83年）12月
2　　刷／1995年（年84年）11月
3　　刷／1998年（民87年）10月　　定　　價／180元

大展好書 好書大展